포스코에너지,
내일을 먼저 만나다

전사혁신 'PI 3.0 프로젝트'

포스코에너지, 내일을 먼저 만나다

포스코에너지 지음

amStory
All about Making Story

감사의 글

기업의 혁신과 창조적 파괴를 주장했던 조셉 슘페터(Joseph Schumpeter)는 저서인 『경기순환론』에서 '혁신이 없으면 기업가도 없다'고 언급했습니다. 이는 혁신을 지속적으로 이루지 못하는 기업은 성장의 추진력을 잃고 도태된다는 것을 강조한 것입니다. 혁신은 이제 기업에게 선택의 문제가 아닙니다. 새로운 환경에서 경쟁하고 성장하는 과정 속에서 필연적으로 이루어야 하는 과제이자 필수조건이 되었습니다. 포스코에너지는 그동안 꾸준한 변화와 혁신을 통해 경쟁력을 키우며 국내 최대의 민간발전사이자 신재생에너지 선두기업으로 성장해왔습니다. 그리고 지난 2013년 11월부터 'PI 3.0 프로젝트'를 성공리에 진행하여 2014년 7월 본격적인 가동에 들어가면서 한 단계 더 도약하는 계기를 만들었습니다.

PI 3.0 프로젝트를 통해 완성된 포스코에너지의 전사 통합시스템은 그동안 일상적이고 반복적으로 수행하던 업무를 표준화, 시스템화하여 업무 효율성을 높이고 창의적인 업무에 몰입할 수 있도록 설계한 새로운 개념의 경영시스템입니다. 나아가 포스코에너지는 이번 PI 3.0 프로젝트를 통해 경쟁력 있는 관리운영체제를 확립하면서 글로벌 기업으로 도약하는 힘과 에너지를 얻었습니다.

이번 PI 3.0 프로젝트를 위해 많은 분들이 보이지 않은 곳에서 열과 성을 다하였습니다. 수처작주 입처개진(隨處作主 立處皆眞)이라는 말이 있습니다. "내가 내 삶의 주인이듯 우리가 회사의 주인이다"라는 자세로 프로젝트에 참여하여 각고의 노력을 기울여주신 모든 분께 이 자리를 통해 격려의 박수와 감사의 마음을 보냅니다.

특히 회사의 지속적인 성장을 위해 이번 프로젝트를 최초 발의해 주신 오창관 고문님께 특별한 감사의 인사를 드립니다. 더불어 책 발간에 도움을 주신 분들께도 고맙다는 말씀을 전합니다.

이 책에는 지난 2년간 추진해온 PI 3.0 프로젝트의 취지와 추진계획을 비롯해 시스템의 설계, 구축, 가동, 안정화에 이르기까지 프로젝트의 전 과정과 비전을 담고 있습니다. 이 책을 통해 많은 분들이 포스코에너지의 혁신의지와 실행과정을 이해하고, 우리 임직원 모두가 새로운 마음가짐과 각오로 포스코에너지의 내일을 준비하는 계기가 되기를 바랍니다.

2015년 3월

포스코에너지 대표이사

황 은 연

목차

0
Chapter

프로젝트
발족

1
Chapter

Master Plan
단계

2
Chapter

통합시스템
구축 단계

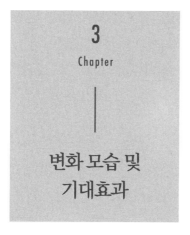

3
Chapter

변화 모습 및
기대효과

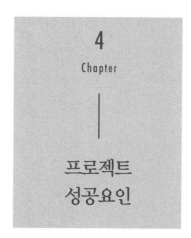

4
Chapter

프로젝트
성공요인

0

Chapter

프로젝트
발족

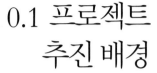

0.1 프로젝트 추진 배경

세계적인 경영학자 톰 피터스(Tom Peters)는 6개월마다 세상이 변하는데 현재의 모습만을 유지하려고 한다면 모든 조직은 도태되어 생존마저 위협받을 수 있다고 말했다. 이는 기업이 급변하는 경영환경 속에서 스스로 변화하려는 노력을 하지 않으면 언제든지 그 존립 기반이 사라질 수 있음을 알리는 경고이다.

톰 피터스가 말한 현재의 모습이란 같은 수의 고객이 언제나 같은 양의 서비스나 제품을 구매하고, 고객에게 서비스나 제품을 공급하는 기업의 크기와 구조 또한 늘 같은 상태를 유지하는 것을 말한다. 그러나 고객의 수를 포함한 기업의 내·외부 환경은 계속 변화한다. 특정 기간을 설정하여 한시적으로만 존재하는 조직이 아닌 이상 기업은 늘 성장가능성을 높이기 위한 일련의 경영과정 속에서 변화를 실감하고, 그 변화에 적응하려고 노력해야 하는 것이다.

이런 상황에서 당연히 고객의 수가 늘어나면 기업의 매출액은 증가하고, 늘어난 고객의 주문량을 처리하기 위해 종업원의 수도 증가하게 된다. 그 과정에서 고객의 주문량과 비례하여 증가된 매출액을 효율적으로 관리하는 문제뿐만 아니라 종업원 사이에서의 의사소통 또한 문제로 대두된다. 중요한 것은 고객과 매출액, 그리고 종업원의 수가 늘어났음에도 불구하고 일하는 방식은 전혀 변하지 않았다는 사실이다. 내부 환경의 변화로 그 변화에 대응할 수 있는 업무 방식이 필요한데, 예전의 방식이 통용되고 있는 상황이 반복된다. 예를 들어, 구두로 지시해도 일사불란하게 움직일 수 있었던 상황에서 업무의 기준 없이는 업무처리가 불가능한 상황으로 변화하는 것이다. 업무의 기준을 시스템화하여 모든 조직 구성원이 공유하고 업무에 즉각 반영할 수 있어야 하는데, 그렇게 하지 못한 것이다. 포스코에너지가 프로세스 혁신을 반드시 추진해야만 하는 이유도 바로 여기에 있다.

업무의 기준을 시스템화해야 한다는 문제를 인식한 포스코에너지의 당시 최고경영자는 포스코에너지의 미래는 업무표준화와 PI를 통해 고효율-저비용 업무체제로 전환하는 것에 달려있음을 강조했다.

포스코에너지는 국내 시장에서는 발전사업을 지속적으로 확충해나가야 했고, 글로벌 시장에서는 세계 최대 규모의 연료전지사업을 통해 명실상부한 글로벌 종합에너지 기업이 되어야 했다. 이런 두 가지 목표를 달성하기 위한 전제조건인 업무의 표준을 만들고, 나아가 조직을 혁신시키는 것이 최대 현안으로 부상했다. 포스코에너지는 구성원 모두에게 표준의 부재를 인식시키고, 모든 정보와 업무를 통합할 수 있는 시스템을 구축해야 했다. 즉, 포스코에너지의 모든 작업장에서 근무하는 구성원들이 일관되고 통합된 업무표준서와 통합정보시스템 매뉴얼에 따라 업무를 진행해야 했다. PI 3.0 프로젝트는 향후 포스코에너지를 이끌어 갈 후임자들에게 가장 가치 있는 일이었고, 프로젝트의 결과물을 토대로 프로세스를 표준화시켜 모든 업무가 효율적으로 운영되는 기업문화 구축을 위한 노력이었다.

0.1.1 외부 환경

특정한 산업분야를 한두 기업이 독과점하는 상황이 아니라면 경쟁은 필연적인 것이다. 경쟁하는 이유는 더 많은 고객에게 더 많은 편익을 제공하기 위해서이다. 경쟁에서 우위를 점하기 위해서 기업은 여러 요소를 갖추어야 하는데, 그 첫 번째 요소는 경쟁력 있는 하드웨어를 보유 및 구축하는 것이다. 하드웨어를 보다 나은 서비스와 제품을 생산하는 도구라고 생각한다면 훌륭한 도구 없이 경쟁에서 우위를 점한다는 것은 불가능한 일이다. 두 번째 요소는 하드웨어가 잘 운영될 수 있도록 해주는 소프트웨어다. 아이폰의 하드웨어보다 아이폰을 구동시키는 ios의 탁월함에 사용자들이 열광하는 모습에서 우리는 그 중요성을 실감할 수 있다. iTunes와 결합되지 않은 아이폰은 그 기능이 반감되는 것과 같은 이치이다. 경쟁력 있는 하드웨어를 잘 구성된 소프트웨어로 운영할 때만이 진정한 의미의 시너지가 생긴다. 세 번째 요소는 경쟁력을 확보한 하드웨어와 소프트웨어를 효율적으로 이용 및 배분하여 관리하는 것이다. 효율적 관리는 아무리 훌륭한 하드웨어와 소프트웨어가 있을지라도 적절하게 관리하지 않으면 효율성이 크게 떨어질 수 있다는 점에서 경쟁력을 지지하는 요소가 된다. 위의 세 가지 요소를 기업이 확보한다면 우리가 흔히 말하는 무한경쟁에서 살아남을 수 있는 기반을 다졌다고 할 수 있다. 무한경쟁에서도 흔들리지 않는 경쟁력을 확보하기 위해 포스코에너지가 선택한 길은 프로세스 혁신이었고, PI 3.0 프로젝트는 효율적인 업무 시스템을 구축하여 무한 경쟁에서 이길 수 있는 핵심

전략을 만드는 것이었다.

그동안 포스코에너지는 안정적 환경에서 기업의 양적인 성장을 이루어내고 있었다. 안정적 환경이란 기업이 진행하는 사업을 통해 수익을 창출하고, 만들어낸 제품이 큰 경쟁 없이 고객의 니즈를 만족시킬 수 있는 상태를 말한다. 포스코에너지의 경우 큰 변화 없이도 현재의 상황을 유지하고 운영할 수 있었다는 것을 의미했다. 그러나 톰 피터스가 지적했듯이 기업을 둘러싼 환경은 매 순간 변화하고 있고, 경쟁력을 확보한 수많은 글로벌 기업들과의 경쟁은 언제든지 심화될 수 있다. 시장이 침체될 가능성 또한 큰 리스크로 존재한다. 나아가 IT는 모든 분야의 인더스트리와 융합되면서 기업의 경쟁력과 큰 연관성을 확보했다.

이렇듯 변화하고 있는 경영환경에 조직 구성원들이 어떻게 적응하느냐의 문제는 회사의 사활과도 직결됨을 인식한 포스코에너지는 변화에 대응하는 방법론으로 PI 3.0 프로젝트를 추진하기로 결정했다. 이번 프로젝트를 잘 이해하기 위해 우선 포스코에너지 발전사업의 특징을 알아보면 다음과 같다. 첫째, 매일, 매시간, 매순간 전력을 생산해서 거래해야 하므로 설비가 안정적으로 운영되는 것이 필수 조건이다. 둘째, 장치 기술 산업의 특성상 막대한 투자가 선행되어야 한다. 셋째, 에너지 사업은 환경을 우선적으로 고려해야 하고 각종 환경 규제에 대응할 수 있어야 한다. 즉, 공공성이라는 요소를 간과할 수 없다. 넷째, 발전에 필요한 에너지를 안정적으로 조달할 수 있어야 한다. 우리나라는 대부분의 발전 원료를 수입에 의존하고 있다.

이 같은 특징은 포스코에너지가 지속적인 혁신을 통해서 수익을 창출하고, 그 수익을 기반으로 성장해나가야 하는 현안과도 깊은 관련성이 있다. 포스코에너지의 현안이란 다음과 같이 구체적으로 말할 수 있다. 첫째, 발전 설비의 종합적인 효율을 증대해야 하며 발전 수익성을 향상해야 한다. 둘째, 연료전지의 생산성을 향상시키면서 제품 불량률을 '0'으로 만들어야 한다. 셋째, 발전원을 다변화시켜야 하며 건설 공사비를 최대한 절감해야 한다. 이런 현안들을 포스코에너지가 직면한 외부 환경이라고 볼 때, 이런 환경에 대응할 수 있는 시스템의 구축은 필수 불가결한 것이다.

0.1.2 내부 환경

2020년 포스코에너지의 매출목표는 12조 원이었지만, 업무 방식은 2010년의 8천억 원대 매출을 올리던 상태에 머물러 있었다. 매출액이 급성장하면 이를 담당할 직원의 수도 늘어나게 되며 이는 또 다른 관리의 문제를 발생시킨다. 고객관리, 매출관리, 자원관리 문제 등이 이슈화되어 현안으로 부상하고, 직원 간의 커뮤니케이션을 효율적으로 하기 위해서는 무엇이 필요한지를 논의해야만 하는 단계에 직면한다. 관련 부서가 늘면서 공유해야 할 자료와 정보의 수도 급증하며, 공유 문서를 열람하는 절대적인 시간 자체도 기존보다 대폭적으로 늘어나게 된다. 예를 들어, 기존에 있던 두 개의 부서가 공유해야 하는 자료를 신설된 두 개의 부서와 합쳐 총 네 개의 부서가 공유한다고 가정하면 시간의 문제뿐만 아니라, 공유한 자료를 상대방이 제대로 수취하였는지를 확인하는 작업에도 효율성의 문제가 발생한다. 2005년 포스코에너지의 직원은 200명이었는데, 2010년에는 2005년 대비 세 배에 달하는 600명이 되었고, 2012년에는 800명에 이르렀다. 매출액도 2010년 8천억 원에서 2012년 3조 원에 이르게 되어 약 네 배나 성장하였다. [그림0-1]은 PI 3.0 프로젝트 추진 당시 포스코에너지의 매출액 성장 추이를 보여주고 있다. 그림에서 보는 바와 같이 발전용량이 1.8GW에서 3.3GW로 증가되었고, 이에 따라 매출액도 크게 증가하였다. 이렇게 급변하는 내부 환경은 포스코에너지로 하여금 전사적인 통합시스템을 구축하게 만들었다.

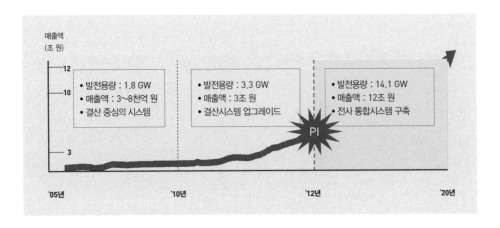

발전용량 : 1.8 GW
매출액 : 3~8천억 원
결산 중심의 시스템

발전용량 : 3.3 GW
매출액 : 3조 원
결산시스템 업그레이드

발전용량 : 14.1 GW
매출액 : 12조 원
전사 통합시스템 구축

[그림0-1] 내부 환경_포스코에너지 성장추이

이런 상황에서 회사의 성장 속도에 부합하는 업무 프로세스 및 관리운영체계의 도입은 필수 불가결한 것이었다. 일관성 있는 관리 시스템을 구축해야 하는 당위성이 대두되었는데, 기존의 관리 시스템이 부적합했다기보다 새로운 상황을 충족시키는 새로운 관리 시스템이 필요하게 된 것이다. 표준의 부재, 시스템 간의 연계성 부족과 비효율성, 임직원의 안일한 혁신 마인드를 타파할 새로운 통합 시스템 없이는 회사의 지속적인 성장을 도모하는 데 한계가 있었다.

표준의 부재 및 미흡

업무를 표준화하는 것은 효율을 높이고 비용을 낮춘다는 뜻이다. 업무를 표준화하지 않으면 글로벌 기업으로도 거듭날 수 없다. 즉, 구성원 모두가 공유하는 정형화된 표준을 구축하는 것은 고효율-저비용 구조와 글로벌 기업으로의 재탄생이라는 두 마리 토끼를 잡는 해법이라고 할 수 있다. PI 3.0 프로젝트는 없었던 업무표준을 만들어 업무의 혼선을 없애고, 회사의 외적 성장에 따른 효율적 관리의 문제를 해결하기에는 역부족이었던 기존의 시스템을 일관되고 통합적인 시스템으로 전환하려는 전사적인 노력이었다.

시스템 간 연계성 부족 및 비효율 발생

시스템 간의 연계성이 결여되어 별도의 수작업이 발생하는 등 비효율적인 요소가 많이 존재했다. 또한, 판매-생산-재무의 관점에서 통합되지 않은 회계결산 중심의 ERP 시스템 운영으로 인해 부서마다 각기 다른 방법으로 업무의 결과가 계산되었고, 해외사업과 미래성장을 견인하는 신사업을 추진하는 데 필요한 목록의 관리운영체계도 없었다. 해외사업은 국내사업과는 업무의 절차나 성격이 많이 다르기 때문에 해외사업의 특성을 반영하는 관리체계가 필요한 것은 당연했다. 나아가 새롭게 기획하여 추진하는 신사업의 경우 기존의 관리체계로 운영하는 데도 한계가 있었다.

전사 임직원의 안일한 혁신 마인드

혁신은 한자로 '가죽 혁(革)'자에 '새로울 신(新)'자를 사용하는데, 큰 고통을 감수하고서라도 내 몸을 감싸고 있는 피부 조직을 갈고닦아서 완전히 새로운 것으로 탄생시킨다는 의미로 해석할 수 있다. 따라서 혁신 작업은 특정한 부문만을 지정하여 진행할 수 없다. 혁신의 필요성은 누구나 공감하고 그 당위성을 쉽게 말할 수 있지만, 실제로 혁신을 시작하려는 사람은 없다. 새롭게 도입한 시스템의 운영 방법을 숙지하는 것 자체가 고통을 수반하는 일이며, 많은 시간과 에너지를 소모시키기 때문이다. 최고의 하드웨어와 최신의 소프트웨어가 만들어낸 결과물을 전사차원의 프로세스 혁신을 통해 극대화시키는 일은 특정한 부문만을 변화시키면 가능하다는 안일한 생각으로는 불가능하다. 혁신은 글자 그대로 고통이 수반됨을 조직 구성원들이 인식하고, 회사의 모든 부문과 절차를 완전히 새로운 것으로 환골탈태(換骨奪胎)시킨다는 마인드를 필요로 했다.

0.2 프로젝트
수행 방법

프로젝트를 수행함에 있어 그 범위를 정하는 것은 가장 중요한 일이다. 기업이 보유한 자원과 시간은 유한하기 때문에 '어디서부터 어디까지(From~to)'와 '누가 어떤 방법으로(Who and how)' 할 것인가를 명확한 타임라인으로 구성해야 한다. 전사적인 혁신이라고 하지만 '전사적인'이라는 것의 내용을 잘 설정해야 하며, 프로젝트를 수행할 능력을 갖춘 인력을 정확히 배치함으로써 프로젝트의 성공 가능성을 극대화시켜야 한다.

포스코에너지는 혁신의 범위를 설정하는 데 ① 혁신과 연계한 PI 개선과제 중심의 접근, ② 통합관점의 ERP 구축전략, ③ IT전문업체의 구축방법론을 활용한 접근, ④ 현업참여의 구조화라는 네 가지 사항을 고려했다. 또한 방법론으로 포스코에너지 Process Driven 방식을 채택함으로써 다른 방식의 장점만을 취하여 효율성을 높였고, 시간과 비용을 절약하는 최상의 결과를 도출했다. 그 결과 최고경영자 직속으로 신설된 PI3.0추진반은 효율적으로 설정된 프로젝트 범위와 방법론을 활용하여 포스코에너지 관리운영체계를 새롭게 정립함과 동시에 통합시스템을 구축하기 위해 모든 역량을 집중할 수 있었다. 여기서 주목해야 할 것은 시스템을 구축함에 있어 Bigbang 방식을 도입했다는 점이다. Bigbang 방식이란 시스템이 전사업장에 동시에 적용될 수 있도록 일괄 구축하는 것을 말한다. Bigbang 방식의 특징은 순서를 정해 하나씩 추진하는 것이 아닌 동시다발적으로 프로젝트를 진행한다는 것이다. 처음부터 전체적인 Master Plan을 수립하고 통합적인 관점에서 프로젝트를 진행하는 Bigbang 방식 채택은 포스코에너지 PI 3.0 프로젝트의 특징이라고 할 수 있다.

0.2.1 프로젝트 추진 범위

혁신은 특정한 분야에 국한되어서는 안 된다. 모든 분야에서 혁신이 이루어질 때 비로소 경쟁력을 확보하게 된다. 포스코에너지는 하드웨어와 하드웨어를 운영하는 소프트웨어의 혁신, 관리운영체계의 혁신도 프로젝트의 추진 범위로 설정하였다.

포스코에너지의 최고경영자는 글로벌 경영환경에서 경쟁력을 확보하고 살아남으려면 다음의 세 가지가 필요하다고 언급한 바 있다. 첫 번째는 최고의 하드웨어(설비, 기기)이고, 두 번째는 하드웨어를 제대로 운영할 수 있는 Technology(기술력)였으며, 세 번째는 타사와 차별화되는 포스코에너지만의 경쟁력을 확보하기 위해 반드시 필요한 Operating Management System(관리운영체계)이었다. 나아가 세 가지 모두에서 혁신이 필요함을 역설했다. 여기서 주목할 점은 기업 간 경쟁에서 장비와 기술력의 차이가 거의 없어짐에 따라 관리운영체계의 경쟁력이 중요하게 대두되고 있다는 사실이다. 예를 들어, 능력 있는 드라이버가 성능이 우수한 자동차를 운전한다고 하더라도 도로망과 신호체계가 잘 갖추어지지 않았다면 그 실력을 충분히 발휘할 수 없다. 기업의 경쟁력도 이와 마찬가지라고 할 수 있다. 좋은 설비와 역량 있는 운영인력이 있다고 하더라도 전사를 지탱해주는 관리운영체계가 없다면 바람직한 성과를 장담할 수 없을 것이다. 이에 따라 포스코에너지는 '전사 프로세스 혁신 프로젝트'라는 이름으로 PI 3.0 프로젝트를 추진하게 되었다.

[그림 0-2] 혁신의 종류

포스코에너지는 이번 프로젝트를 수행함에 있어 다음과 같은 추진전략을 바탕으로 프로젝트의 완성도를 극대화했다.

혁신과 연계한 PI 개선과제 중심의 접근

Master Plan을 통해 도출된 혁신과제 및 세부 구현방안과 연계된 상세구현 수립, 혁신과제 및 Quick Win 과제 중심 시스템 구축방안 제시, 시스템 구축을 위한 전제조건과 고려사항 작성 및 조율을 말하는 것이다.

통합관점의 ERP 구축 전략

회계 결산 중심의 ERP 방식에서 벗어나 Data(기준정보 통일), 프로세스(업무 프로세스 표준화), 기술요소(효율적 시스템 운영)를 통합하는 것이다.

IT전문업체의 구축방법론을 활용한 접근

이전에 수행했던 프로젝트를 통해 이미 검증된 PI-ERP 방법론에 입각한 프로젝트를 수행하고, 프로젝트의 품질 향상 및 단계적 산출물의 완성도를 높임으로써 프로젝트 수행 이후 지속적 개선 표준을 확보하는 것을 포함한다. 나아가 체계적인 프로젝트 관리 방안에 따른 이슈관리 및 진도관리를 수행함을 의미한다.

현업 참여의 구조화

현업 참여가 혁신의 지속적 추진 및 달성을 위한 필수적인 성공요소임을 인식하고, Super User 및 Working Group 구성을 통해 프로젝트 추진 및 혁신과제 개선을 진행하는 것이다. 아울러 도출된 혁신과제에 대한 오너십 및 목표 부여를 통한 혁신의 실행력을 제고하는 것을 포함한다.

그림 [0-3]은 포스코에너지 PI 3.0 프로젝트의 범위를 보여주는데, 발전사업과 연료전지사업 부문과 더불어 신사업개발과 투자사업관리 부문까지도 프로젝트의 범위에 포함시켰다. 현재 진행하고 있는 사업부문을 넘어서 향후 새롭게 시작할 사업부문을 포함시킴으로써 프로젝트의 확장성까지 고려한 것이다. 이는 혁신은 일부분이 아닌 전사적인 차원에서 진행되어야 한다는 당위성과 일맥상통한다.

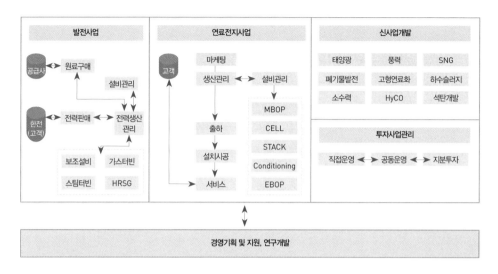

발전사업

공급사 → 원료구매
설비관리
한전 (고객) → 전력판매 ◀▶ 전력생산 관리
보조설비　가스터빈
스팀터빈　HRSG

연료전지사업

고객
마케팅
생산관리 ◀▶ 설비관리
　　　　　　　MBOP
출하　　　　CELL
　　　　　　STACK
설치시공　Conditioning
서비스　　　EBOP

신사업개발

태양광　　풍력　　SNG
폐기물발전　고형연료화　하수슬러지
소수력　　HyCO　　석탄개발

투자사업관리

직접운영 ◀▶ 공동운영 ◀▶ 지분투자

경영기획 및 지원, 연구개발

[그림0-3] 프로젝트 추진 범위

0.2.2 프로젝트 수행 방식

프로젝트 수행 방식은 순수 Process Driven 방식이 있고, ERP Driven 방식이 있다. Process Driven 방식이란 전사적인 변화의 관점에서 프로세스를 혁신적으로 개선하고, 그 성과를 측정하는 것을 말한다. To-Be 프로세스 실현을 중심으로 한 시스템 구축 방식이라고 할 수 있다. 즉, To-Be 프로세스와 시스템의 성공적인 적용을 위해 To-Be 조직을 설계하고 구현하는 것이다. 반면 ERP Driven 방식은 ERP 시스템에 내재되어 있는 프로세스를 중심으로 6개월에서 1년 정도의 단기간 내에 To-Be를 구현한다. 수정 및 추가 프로그램의 개발을 최소화하여 진행하는 것이 ERP Driven 방식의 특징이다. 전사적 자원관리를 중심으로 프로세스와 시스템의 적용을 위한 조직을 설계하고 구현하는 식으로 진행된다. 두 방식의 가장 큰 차이는 회사가 변화하는 관점에서 프로세스를 혁신하는 것이 Process Driven 방식이라면, ERP Driven 방식은 많은 회사에서 도입하고 있는 여러 가지 ERP Package 프로그램에 자체적으로 내재되어 있는 기능을 중심으로 프로세스를 표준화시키는 것이라고 할 수 있다. Process Driven 방식으로 프로젝트를 진행할 것인지, ERP Driven 방식으로 프로젝트를 진행할 것인지는 각 회사의 고유한 상황에 따라 달라질 수 있다.

포스코에너지는 [그림0-4]와 같은 포스코에너지 Process Driven 방식을 채택하였다. 포스코에너지 Process Driven 방식은 상세설계와 구축 단계에서 ERP 프로그램의 기능을 최대한 활용하는 것이 가장 큰 특징이라고 할 수 있다. 즉, 전사적 차원의 상위 Level PI를 먼저 추진한 후, ERP의 기능을 활용하여 To-Be 설계에 반영하는 것이다. As-Is 분석에서 발견된 문제점을 모두 개선할 수 있는 To-Be 모습을 구축하면서 개발업무의 최소화를 동시에 추구할 수 있다는 장점을 가졌는데, 개발업무를 최소화할 수 있는 것은 ERP 프로그램의 장점이기도 하다. 그러나 As-Is 분석과 To-Be 설계와 Package 선정 작업, 그리고 ERP 교육 등을 병행해야 하므로 업무량이 증가하여 큰 부담이 될 가능성도 있다. 그럼에도 불구하고 기존 두 가지 방식의 장점을 모두 취해 보다 전사적이고 혁신적인 방법으로 프로세스를 혁신할 수 있다는 측면에서는 장점이 더 많다고 볼 수 있다.

포스코에너지 Process Driven 방식으로 프로젝트를 진행하기 위해서는 최고경영자와 임원진들의 강력한 혁신의지와 실무자들의 참여가 없으면 불가능하다. 이런 측면에서 PI 3.0 프로젝트는 급변하는 경영환경에 대응하려는 포스코에너지의 전사적 노력의 집결체이다.

순수 Process Driven 방식	ERP Driven 방식
- 혁신적인 프로세스 개선 - To-Be 프로세스 실현을 중심으로 한 시스템 구축 - To-Be 프로세스와 시스템의 성공적 적용을 위한 To-Be 조직의 설계 및 구현	- ERP시스템에 내재되어 있는 프로세스를 중심으로 단기간 내에 To-Be 구현 - 수정 및 추가 프로그램의 개발 최소화 - ERP 중심의 프로세스와 시스템의 적용을 위한 조직의 설계 및 구현

⇓   ⇓

포스코에너지 Process Driven 방식

- 전사 최적화 차원의 상위Level (Task Level) PI를 먼저 추진하고, 상세설계 및 구축 단계에서는 ERP 기능을 최대한 활용하여 To-Be설계에 반영
- 바람직한 To-Be모습 구축 및 개발업무의 최소화를 동시에 추구
- As-Is 분석, To-Be 설계와 package 선정, ERP교육 등을 병행함

[그림0-4] 프로젝트 수행 방식

0.2.3 To-Be 상세구현

PI는 특정한 부서에서만 이루어지는 작업이 아닌 전사적으로 동시에 진행되어야 한다. 조직 구성원의 전폭적인 지지를 받아야 함은 물론, 모든 부서가 PI 3.0 프로젝트의 성공을 염원해야 한다. 모든 부서가 적극적으로 참여하고 성공에 대한 확신을 갖는 자세는 PI 3.0 프로젝트의 가장 중요한 토대가 된다. 또한 경영진은 명확한 목표를 설정하고 무엇이 문제이며 구체적으로 어떤 사항이 개선되어야 할 것인지 방향성을 제시해주어야 한다. PI 3.0 프로젝트가 모든 업무에서 우선시될 수 있도록 회사의 분위기를 만들어가야 하는 책임은 경영진에게 있다. 이런 방식은 시작되는 방향이 위에서 아래로 향한다는 의미로 'Top-down Approach'라고 한다.

한편 실무진의 경우 일선의 업무현장에서 현재 벌어지고 있는 현상을 As-Is 분석

에 정확히 적용해야 함과 동시에 각기 다른 현업에서의 업무 특징을 서로 비교해줄 수 있어야 한다. 즉, 각기 다른 업무의 특징을 서로 벤치마킹하여 더 많은 차이점을 찾을 수 있어야 하는 것이다. 이렇게 실무진으로부터의 적극적인 참여와 동참을 얻어내는 방향이 아래로부터 위로 향한다는 의미에서 'Bottom-up Approach'라고 한다.

경영진과 실무진이 모두 참여하는 두 개의 방식이 함께 적용될 때 더욱 명확한 To-Be 상세구현이 이루어질 수 있다. 두 방식의 동시 사용은 '전사적'이라는 의미를 극대화시키는데, 경영진과 실무진이 양방향으로 문제를 인식·분석하여 앞으로 개선되어야 할 사항을 To-Be 상세구현에 적극 반영하는 것을 의미한다. [그림0-5]는 방향성이 다른 두 개의 방식을 통해 개선할 수 있는 기회를 통합하여 To-Be 상세구현을 진행한다는 도출방법론을 보여준다. 결론적으로 전사적인 차원에서 중점적으로 혁신해야 하는 과제를 설정하는 것은 To-Be 상세구현에 큰 영향을 미치며, 구축단계에서의 성패를 좌우한다.

현업에서 업무를 진행하는 임원 및 부·실장을 과제별 오너로 선정함으로써 변화과제를 명확히 해야 함은 물론, 회사 내에서 각각의 기능을 수행하는 부서 간 이기주의를 해결하는 것은 프로젝트를 진행하는 데 중요한 과제이다. 나아가 현업에 종사하는 실무진의 적극적인 참여를 유도하는 것 또한 프로젝트의 바람직한 결과물을 도출하는 데 필수적이다. Top-down 및 Bottom-up을 동시에 진행하는 방법론은 포스코에너지 PI의 특징으로서, 프로젝트 전체를 보다 효율적으로 진행시킬 수 있는 기틀이 되었다.

PI 3.0 프로젝트를 진행하는 데 한 가지 더 추가해야 하는 필수사항을 들자면, 최고경영자는 프로젝트의 스폰서가 되어야 한다는 것이다. 스폰서란 프로젝트의 오너인 동시에 프로젝트를 진행하는 데 필요한 모든 것을 적극적으로 지원하고, 프로젝트 수행 중에 발생하는 여러 가지 형태의 갈등 요소를 제거하고 정리하는 역할을 말한다. 스폰서의 마음가짐(Mind-Set)이 어떻게 정립되어 있느냐에 따라 프로젝트의 진행 방향이 달라질 수 있고 성공 여부에 큰 영향을 미칠 수 있기 때문에 최고경영자는 스폰서로서의 역할을 수행하는 데 최선을 다해야 한다.

[그림 0-5] 혁신과제 도출 방법론

0.2.4 프로젝트 추진 체제

프로젝트의 추진 범위와 방법론을 정하는 문제와 더불어 프로젝트를 추진할 인원을 선정하는 문제는 가장 심혈을 기울여야 하는 부분이다. 프로젝트를 실질적으로 수행할 인원을 선정하여 교육하고 정확한 임무를 부여하는 것이야말로 혁신 프로젝트의 핵심이다.

최고경영자 직속으로 신설된 PI3.0추진반은 포스코에너지의 관리운영체제를 새롭게 정립하고, 여기에 맞는 통합정보시스템을 구축하기 위해 결성되었다. 통합정보시스템을 구현하기 위해서는 모든 사업부문의 참여가 필수적이었기에 인천, 광양,

포항에서 근무하는 현장인력이 프로젝트 진행을 위해 선발되었다. 또한 당시 경영혁신그룹의 직원들과 포스코에 파견되어 있던 경영진단 인력도 복귀하여 PI3.0추진반에 합류하였다. 이들은 포스코에서 경영진단을 해본 경험 때문에 프로세스에 대한 개념을 파악하고 있었고, 포스코의 진단 기법을 활용하여 PI 3.0 프로젝트를 수행할 수 있는 능력이 검증되었다. 이렇게 인력 선발에 엄격한 기준을 적용하여 추진반장을 비롯하여 PMO, 발전사업, 연료전지사업, 신사업개발, 경영기획 및 지원, R&D, 정보 · 혁신 등 각 사업 · 메가별로 핵심 인력이 구성되었고, 마침내 PI3.0추진반이 출범하게 되었다.

PI3.0추진반은 현업가이드 제공 및 지원을 하는 프로젝트 리딩과 조정 역할을 담당하며, 현업 주도의 전 임직원 참여로 프로젝트를 추진하였다. 이와 더불어 외부 컨설턴트 17명과 시스템 개발자 43명, 자문위원 등 외부 인력 69명이 투입되었다. 각 부서에서 29명의 Super User가 선임되었으며, 특히 이들은 프로젝트를 진행하는 데 다음과 같은 업무를 수행하였다.

  · 과제 상세화 계획 및 실행

  · To-Be 상세구현

  · ERP Set-up 수행

  · 표준화 작업 수행

  · Test를 통한 현업 요구 기능 검증

  · Working Group 교육 등 변화관리 활동 수행

각 실무 Level에서의 Working Group은 현업에서 Super User를 도와 PI 프로젝트

진행의 실무를 담당하는 요원이며, 다음과 같은 업무를 수행하였다.

- 과제 수행
- 프로세스 설계
- 표준화
- Data 이행 작업

0.2.5 시스템 구축 방법

포스코에너지의 PI 방법론은 포스코에너지만의 Bigbang 구축방식이 적용된 것이 특징이다. Bigbang 구축방식이란 앞서 언급했듯이 ERP와 기존 시스템 및 자체 개발을 동시에 진행하는 방식을 말한다. 포스코에너지는 [그림0-6]의 Bigbang 구축방식을 통해 시간과 비용을 최대한 단축할 수 있었다. As-Is 분석, To-Be 상세구현, ERP Package 선정, 표준화, 시스템 구축이 순차적인 것이 아닌 동시다발적으로 일어나기 때문이다. 병행작업은 한 가지씩 순차적으로 해나가는 방식보다 효율적이다.

시스템 구축을 위한 To-Be 상세구현은 업무의 프로세스를 시스템적 관점에서 생각하고 시스템화하는 과정이었다. 시스템 구축 이후에는 각 시스템 간 Interface 연동과 Integration 관점의 테스트를 통한 정합성 확보를 위해 시스템 가동 후 안정적으로 사용할 수 있도록 하였다.

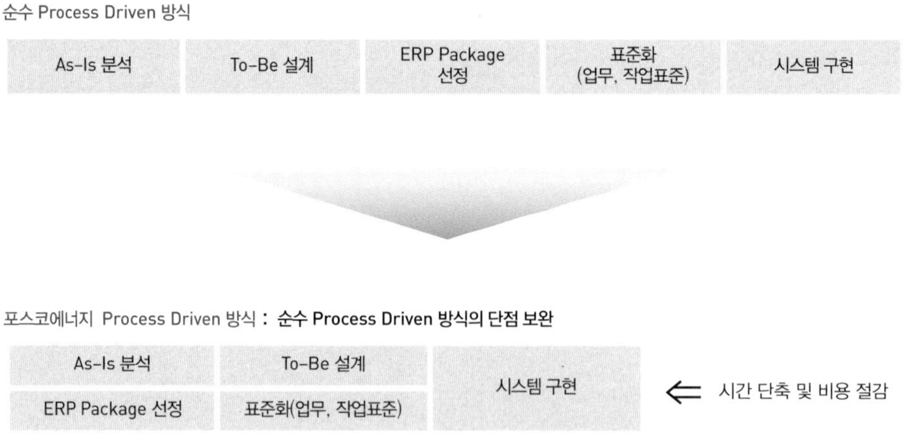

순수 Process Driven 방식

As-Is 분석	To-Be 설계	ERP Package 선정	표준화 (업무, 작업표준)	시스템 구현

포스코에너지 Process Driven 방식 : 순수 Process Driven 방식의 단점 보완

As-Is 분석	To-Be 설계	시스템 구현
ERP Package 선정	표준화(업무, 작업표준)	

⟸ 시간 단축 및 비용 절감

[그림 0-6] 포스코에너지 PI 방법론

0.3 프로젝트 추진반 구성

프로젝트는 전사적인 차원에서 진행되어야 한다. 하지만 모든 구성원이 프로젝트를 실제적으로 수행할 수는 없기 때문에 전문성을 확보한 추진반을 구성하는 것이 필요하다. 조직 내에 존재하는 직급을 적절하게 배분하여 업무를 할당해야 하고, 상대적으로 업무에 대한 이해도가 높은 사람을 선별해야 한다. 또한 시스템적 사고를 할 수 있고 새롭게 도입되는 시스템과 프로세스를 정확하게 숙지하고 배우려는 열정을 가진 사람을 선정해야 한다. 추진반을 구성하는 가장 중요한 이유는 프로젝트의 전문성을 확보함과 동시에 프로젝트를 통해서 최종적으로 산출될 품질을 확보하기 위해서이다.

0.3.1 추진반 구성 목적

추진반은 각 분야별 전문가를 선정했는데, 프로세스 구축의 전문성 및 품질을 확보한다는 관점에서 신중히 진행하였다. 그 결과 PI 3.0 프로젝트의 추진반은 PM, PMO, 프로세스팀으로 구성되었다. PM은 모든 프로젝트를 관리·총괄하는 책임자이고, PMO는 프로젝트의 기획과 방법론의 가이드가 됨은 물론, 프로젝트의 진행관리와 변화관리를 수행하는 역할을 맡는다. 프로세스팀은 과제 상세화 지원, To-Be 프로세스 상세구현 지원과 조정, ERP Set-up 주관, 표준화 작업 지원과 조정, 테스트 수행 방안 수립과 실행, Super User 교육을 포함하는 변화관리 활동 지원 업무를 담당한다. Data 이행과 아키텍처 수립, Extension과 자체개발 업무는 별도로 진행되었다.

위와 같이 구체적인 팀별 업무를 확정한 후, PI3.0추진반은 안정적인 프로젝트 일정을 수립함과 동시에 프로젝트의 최종적인 성패를 결정짓는 요소로서의 전문성 확보에 노력을 기울였다.

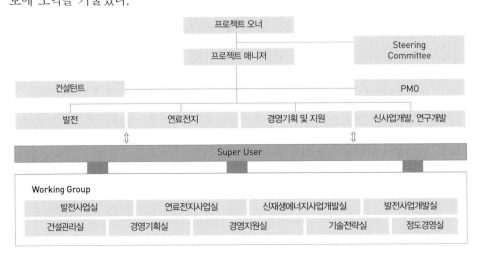

[그림 0-7] PI3.0추진반 조직도

0.3.2 추진반 구성 방법

시스템은 사람에 의해 운영되고, 프로세스 또한 사람에 의해 준수된다. 새롭게 도입된 시스템과 프로세스의 특징을 사용자가 제대로 이해하지 못하면 무용지물로 전락하고 만다. PI 3.0 프로젝트를 추진함에 있어서 새로운 시스템과 프로세스를 정확히 숙지하고 배우려는 열정을 가진 인력을 선발하는 것은 프로젝트의 성패를 좌우하는 중요한 요소이다. 이런 이유로 PI 3.0 프로젝트 추진의 주체인 추진반원의 선발 요건은 매우 중요했는데, 선발 요건은 다음과 같이 요약될 수 있다.

· 해당 업무를 가장 잘 알고 있어야 한다.
· 시스템적 사고를 가져야 한다.
· 열정을 가지고 있어야 한다.
· 상위직급과 하위직급의 가교 역할을 해야 한다.

위에 열거된 선발 요건을 모두 충족하는 추진반원을 선발하는 것은 쉬운 일이 아니다. 하지만 가장 우선적으로 고려되어야 하는 사항이다. 업무를 정확히 파악하고 있는 사람은 무엇이 문제인지를 누구보다 더 잘 알고, 기존 업무의 문제점을 해결하려면 새로 구축되는 시스템과 프로세스에서 무엇이 필요한지를 정확히 제안할 수 있다.

시스템적 사고란 업무의 원인과 과정, 그리고 결과를 예측하는 능력을 말하는데, 고립되어 있는 나의 업무가 관련 부서의 업무와 얼마나 연계될 수 있는가를 미리 생각하며 업무를 진행하는 것이다. 즉, 전사적인 관점에서 업무를 생각하는 것이야말로 시스템적 사고라고 할 수 있다. 그러나 잊지 말아야 하는 것은 시스템적 사고는 열정에서 기인한다는 사실이다. 열정은 업무에 대한 관심을 불러일으키고, 관심은 전사적인 관점으로 업무를 파악할 수 있게 만든다. 전사적인 관점에서 업무에 임하는 것은 모든 조직 구성원을 아우르는 거시적인 생각에 그 기반을 둔다고 할 수 있다. 하지만 그 기저에는 프로젝트를 실제로 수행하는 추진반원의 열정이 필수적인 것임을 기억해야 한다.

또한 직급은 조직에서 '권한과 책임'의 역학 관계를 생각할 때 반드시 고려해야 하는 사항이다. 부서의 권한을 부여받은 사람은 업무의 대표성을 가질 수 있고, 최고 경영자와 실무자 사이에서 가교 역할을 수행할 수 있다. 업무를 모두 파악하고, 열정에 기반한 시스템적 사고를 가졌다고 하더라도 상하위 직급 모두와 신속하게 커뮤니케이션할 수 없다면 프로젝트는 제대로 추진될 수 없다.

0.4 추진반 교육

PI 3.0 프로젝트는 회사 전체를 변화시킬 수 있는 가장 강력한 도구이며, 회사가 지향하는 최고의 목표와 최상의 결과물을 찾기 위한 필수 과업이었다. 포스코에너지는 전사적으로 PI 3.0 프로젝트를 추진하면서 이를 증명해 보였다. PI 3.0 프로젝트는 지속적으로 성장하는 포스코에너지의 목표를 달성하기 위해 어떤 프로세스의 개선이 필요한지 해답을 찾는 작업이었다.

PI3.0추진반을 중심으로 PI 추진 계획 및 목표 전략 등을 소개하고, 1차 프로세스 분류 체계 현황을 공유했으며, 프로세스 맵핑 가이드에 대한 교육을 진행하였다.

0.4.1 추진반 교육 개요

PI에 대한 추진반의 이해도를 향상시키는 작업 없이 프로젝트를 계속 진행하면 큰 무리를 수반하게 된다. 이해도를 계속 향상시켜야 하는 이유는 프로젝트가 계속됨에 따라 숙지해야 할 용어 및 개념의 폭이 넓어질 뿐만 아니라, 포스코에너지 PI 3.0 프로젝트만의 특징을 정확히 파악해야 하기 때문이다. 프로젝트를 계속 진행함에 따라 추진반원 개개인의 프로젝트에 대한 이해도가 향상되어야만 더 많은 문제점을 발견하고 반드시 필요한 제안을 할 수 있다. 또한 컨설턴트 및 외부 전문가와의 효율적인 커뮤니케이션을 위해서도 추진반원을 대상으로 한 이해도 향상 교육은 반드시 필요했다.

[그림0-8]은 포스코에너지 PI WBS(Work Breakdown Structure)이다. 가로 방향은 '변화방향 수립, To-Be 모델 설계, 구현계획 수립'이라는 프로젝트 일정이 진행되어 나가고, 세로 방향은 '프로세스 혁신, 표준화, 변화관리'라는 큰 범주 안에서 수행 과제들이 Breakdown 되었음을 알 수 있다. 이런 구조 속에서 추진반원은 각 범주 안에 포함된 수행 항목을 완벽하게 숙지해야 한다.

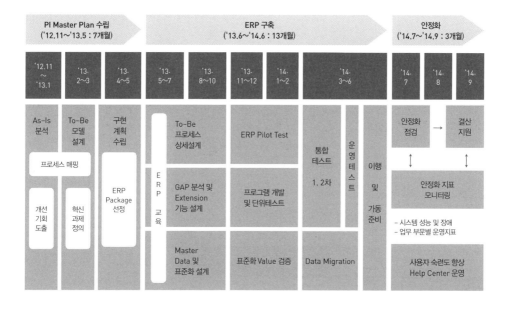

PI는 프로세스를 혁신함으로써 관행처럼 굳어진 업무 방식을 새롭게 변화시키는 것을 의미한다. 포스코에너지는 PI를 [그림0-9]에서와 같이 PI의 원래 의미인 'Process Innovation'이라는 측면에 충실함과 동시에 'Performance Improvement'라는 방식으로도 해석했다. 'Process Innovation'은 BPR(Function Oriented)을 비롯해 프로세스의 분석, 해체 및 재구성, 프로세스 혁신과 연계된 IT통합 등 프로세스 정의에 초점을 둔 것이며, 'Performance Improvement'는 Process, IT, People, Organization Structure의 혁신을 비롯해 전략과 연계된 실행차원의 전사적 경영혁신 등의 성과 향상에 초점을 둔 것이다. 'Performance'라는 말은 'Innovation'을 실행에 옮겨 괄목할 만한 성과를 이루었다는 것을 의미하는데, 포스코에너지 PI만의 특징이라고 할

수 있다. 프로세스를 혁신한 것에 그치지 않고 혁신을 통해 기업의 핵심역량(Core Competence)을 향상시키는 것은 모든 구성원이 혁신에 동참하여 실질적인 성과를 획득하였다는 실행력에 무게를 둔 것이었다. 따라서 기업의 성과 향상에 초점을 맞추고 프로세스를 혁신하는 전사통합의 관점에서 PI를 진행하는 포스코에너지 PI 3.0 프로젝트의 특징을 숙지하는 것은 중요한 일이었다.

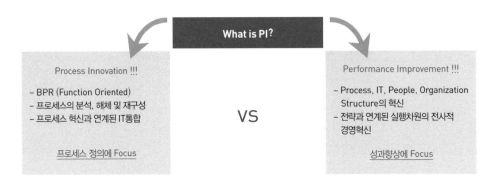

[그림0-9] 혁신의 정의 및 방법론

1

Chapter

Master Plan 단계

Master Plan 단계에서는 향후 진행될 프로젝트의 기본 프레임을 만드는 단계로 투입되는 시간과 자원을 잘 배분하고 배치하여 효율성을 극대화하는 것이 가장 큰 목적이다. Master Plan 단계는 As-Is 분석, To-Be 상세구현, 구현계획 수립의 순서로 진행된다. As-Is 분석은 Vision 2020과 3개년 경쟁력 제고 방안을 검토하는 것으로 시작되는데 부서별 실행과제를 검토한 후, 경영진과 외부고객의 의견을 취합하게 된다. 또한 이론적 Best Process를 설계하여 검토하고, 전문가의 의견을 반영한다. 이러한 과정을 통한 As-Is 분석은 포스코에너지의 업무를 우선 프로세스별로 분류하고 나서 각각의 프로세스에서 도출되는 이슈와 근본원인을 찾아보는 데 중요한 역할을 한다. As-Is 분석은 현업부서와 공감대를 형성하며, 향후 포스코에너지가 가야할 방향인 개선기회 정의서 작성에 대한 기초자료가 된다. To-Be 상세구현에서는 보다 구체적으로 업무를 프로세스별로 세분화하고 분류하는 작업을 하고, 마지막으로 구현계획을 수립한다. 구현계획 수립 시에는 ERP Package 선정이 함께 진행된다. 또한 Master Plan 단계에서는 이와 병행하여 표준개선계획도 함께 수립한다. 표준개선계획이란 운전 작업 표준작성·개선, 설비분류체계 수립, 정비작업표준 작성·개선, 조립 및 검사작업표준 작성·개선 등의 작업을 위한 계획을 수립하는 것을 말한다.

Master Plan의 단계는 [그림1-1]과 같이 기존에 해왔던 업무를 경영진을 포함한 내·외부인의 관점으로 분석하고, 그 분석한 결과를 바탕으로 혁신을 통해 어떻게 새로운 업무설계를 계획하여 시스템으로 만들 수 있는가에 대한 구축 준비과정이라고 할 수 있다.

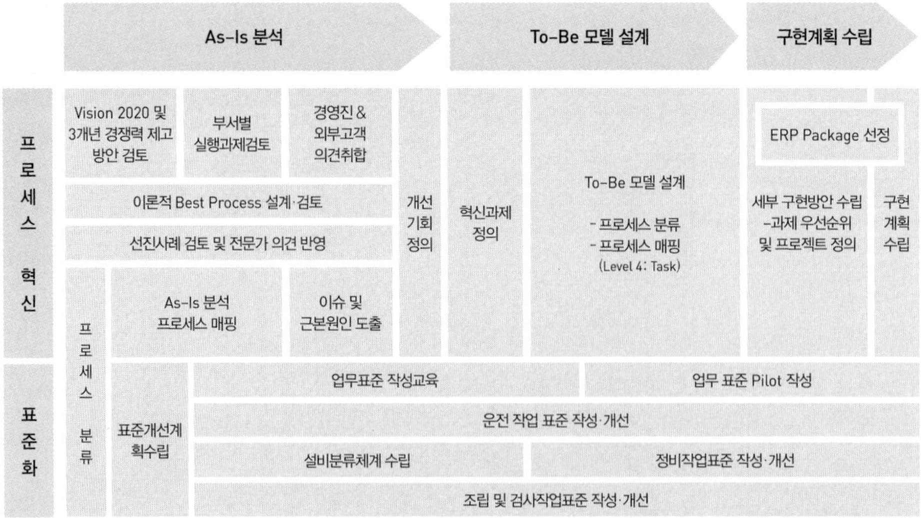

	As-Is 분석		To-Be 모델 설계	구현계획 수립

프로세스 혁신

| 프로세스 분류 | Vision 2020 및 3개년 경쟁력 제고 방안 검토 | 부서별 실행과제검토 | 경영진 & 외부고객 의견취합 | 개선 기회 정의 | 혁신과제 정의 | To-Be 모델 설계 - 프로세스 분류 - 프로세스 매핑 (Level 4: Task) | ERP Package 선정 / 세부 구현방안 수립 -과제 우선순위 및 프로젝트 정의 | 구현 계획 수립 |

이론적 Best Process 설계·검토

선진사례 검토 및 전문가 의견 반영

As-Is 분석 프로세스 매핑 / 이슈 및 근본원인 도출

표준화

프로세스 분류	표준개선계획수립	업무표준 작성교육	업무 표준 Pilot 작성

운전 작업 표준 작성·개선

설비분류체계 수립 / 정비작업표준 작성·개선

조립 및 검사작업표준 작성·개선

[그림1-1] Master Plan 단계 일정표

1.1 Master Plan 목적

Master Plan에서의 가장 큰 이슈는 지속적으로 성장하는 포스코에너지의 목표를 달성하고 목표달성을 위한 전략을 수행하기 위해서는 어떤 프로세스 혁신이 필요하고, 어떻게 그 혁신의 내용에 부합하는 IT 시스템을 구축해야 하는지에 대한 답을 찾는 것이었다. 따라서 Master Plan 단계의 추진 목적은 첫째, Vision 2020 달성을 위해 해야 할 업무 프로세스는 무엇이며, 둘째, 현재의 프로세스와 IT 시스템 수준을 파악하고 향후 개선 방향 및 추진 방법론을 찾는 것이었다.

1.2 Master Plan 단계
진행 방법 개요

Master Plan 첫 번째 단계는 As-Is 분석을 통한 전사적인 업무 프로세스 점검이고, 두 번째 단계는 무엇을 혁신할 것인지에 대한 과제를 정의하는 것이며, 세 번째 단계는 ERP Package 선정을 포함한 구체적인 구현계획을 수립하는 것이라고 요약·정리할 수 있다. 이런 단계를 진행하는 과정 중에 PI3.0추진반, Super User, 현업 종사자, 임원진에 이르는 모든 구성원의 참여가 요구되었다. 특히 최고경영자의 적극적인 스폰서십은 전사적인 참여를 독려하고, 조직의 임무를 완성하기 위한 동기부여에 매우 중요한 영향을 미쳤다.

As-Is 분석, To-Be 상세구현, 구현계획 수립이 7개월 동안 Master Plan 단계에서 진행되었고, 각각의 과정을 임원들이 회의 자료에 포함하여 매주 임원회의에서 보고하였다. 임원들은 매주 단계별 진행상황을 보고해야 했기 때문에 보다 적극적으로 관심을 갖으며, 솔선수범의 자세로 프로젝트에 참여하는 구성원의 열정을 고취시켰다.

첫 번째 단계이자 프로젝트 수행의 가장 기본이 되는 As-Is 분석을 통해 발전사업은 21개, 연료전지사업은 19개, 경영기획 및 지원은 30개, 연구개발은 10개, 신사업개발에서는 12개의 개선기회가 도출되었다.

1.2.1 Master Plan 단계 진행 방법론

Master Plan 단계는 기존에 해오던 업무의 방식 안에 존재하는 프로세스의 문제점을 파악하여 개선된 업무 프로세스로 전환하기 위한 준비단계라고 할 수 있다. As-Is 분석, To-Be 상세구현, 구현계획 수립, 표준개선의 각 단계에서 진행하는 업무를 살펴보면 다음과 같다.

As-Is 분석

현업분석을 통해 As-Is 프로세스 매핑 정의서를 구성하였다. 발전 메가에서는 6개의 프로세스 체인 및 89개 프로세스에 대한 매핑을 완료하였고, 연료전지에서는 8개 프로세스 체인 및 65개 프로세스에 대한 매핑을 완료하였으며, 경영기획 및 지원 메가에서는 8개 프로세스 체인 및 186개 프로세스에 대한 매핑을 완료하였다. 연구개발 메가와 신사업개발 메가에서는 11개 프로세스 체인, 34개 프로세스에 대한 매핑을 완료하였다.

역량진단을 통해 선진사례 대비 혁신이 필요한 프로세스 영역은 Best Process 설계 범위로 선정하였고, As-Is 분석을 통한 개선기회 도출을 완성하였다. 뿐만 아니라 IT 아키텍처, 어플리케이션, 하드웨어, Interface에 대한 As-Is 분석도 실시하였다.

To-Be 상세구현

도출된 개선기회 및 혁신방향을 기본으로 임원토의를 거쳐 혁신과제와 세부 구현 방안을 정의하였고, Quick Win 과제 구현방안도 정의하였다. To-Be 프로세스 매핑 정의서는 발전사업 메가, 연료전지 메가, 경영기획 및 지원 메가, 연구개발 메가와 신사업개발 메가별로 진행하였다. 그 밖에도 To-Be Task List, To-Be 어플리케이션 정의서, To-Be 하드웨어 정의서, To-Be Interface 구성도를 완성하였다.

구현계획 수립

구현계획 수립 단계에서 새롭게 도입할 ERP Package에 대한 기능, 기술요소, 지원방안 및 가격을 종합적으로 평가하여 최종적으로 선정하였다. 그리고 PI · ERP 프로젝트에 따른 매출 및 생산성 증대, 비용절감, 인원 절감효과, 설비투자를 기준으로 한 프로젝트 투자효과를 분석하였다. 위의 과정을 거쳐 구현계획 수립단계 막바지에는 상세설계, ERP 구축, 테스트, 오픈준비 및 안정화 단계를 포함한 ERP 추진 실행 계획서를 작성하였다.

표준개선

현장업무의 표준을 세우는 작업이 병행되었다. 작업표준은 현장에서 일하는 직원의 머릿속에 있던 지식과 경험을 표준화시킴으로써 작업품질의 편차를 줄이는 매우 중요한 작업이었다. 우선 표준개선 계획서를 작성하여 추진계획을 세우고, 각 메가별로 작업표준을 작성하도록 현업을 독려하였다. 발전사업 메가와 연료전지 메가에서는 작업표준을 총 985건 작성하고, 품질 검증을 완료하였다.

Master Plan 단계에서 진행한 As-Is 분석, To-Be 상세구현, 구현계획 수립, 표준개선에 대한 각각의 주요 산출물은 [그림1-2]와 같다.

단계	산출물 파일명	비고
As-Is 분석	별첨01_As-Is 프로세스 맵핑 정의서.pptx	
	별첨02_선진사 대비 역량진단결과서 (CAM).pptx	
	별첨03_개선기회 정의서.pptx	
	별첨04_As-Is IT 아키텍쳐.pptx	
	별첨05_As-Is 어플리케이션 정의서.pptx	
	별첨06_As-Is 하드웨어 정의서.pptx	
	별첨07_As-Is Interface 구성도.pptx	
To-Be 상세구현	별첨08_혁신과제 및 세부 구현방안 정의서.pptx	
	별첨09_Quick Win 과제 리스트.xlsx	
	별첨10_To-Be 프로세스 맵핑 정의서.pptx	
	별첨11_To-Be Task List.xlsx	
	별첨12_To-Be 어플리케이션 정의서.pptx	
	별첨13_To-Be 하드웨어 정의서.pptx	
	별첨14_To-Be Interface 구성도.pptx	
구현계획 수립	별첨15_ERP Package 평가 결과.pptx	
	별첨16_프로젝트 투자효과 분석서.pptx	
	별첨17_ERP 추진 실행계획(WBS).xlsx	
표준개선	운전 작업표준서.pptx	EP 시스템 >업무링크 >규정관리 >작업표준 >발전, 연료전지, 환경 >운전, 정비, 조립, 검사 >해당 표준
	정비 작업표준서.pptx	
	조립 작업표준서.pptx	
	검사 작업표준서.pptx	

[그림1-2] Master Plan 단계 필요 산출물 리스트

1.3 컨설팅사 선정

포스코에너지 PI 3.0 프로젝트를 진행하기 위해서는 최고 전문가의 도움이 필요했다. 포스코에너지는 Master Plan을 진행할 컨설팅사를 선정하기 위해 공정한 평가 방법을 거쳐, 선정요건에 부합하고 사업에 대한 이해도가 높은 A사와 B사를 우선협상대상자로 선정하였다. 컨설팅사 요건으로 첫째, PI 실행능력을 갖춘 컨설팅업계의 국내외 Leading Company, 둘째, 한국지사 개설 및 한국인 컨설턴트 지원 가능업체, 셋째, 국내 대규모 PI · ERP 프로젝트를 성공적으로 수행한 업체라는 기준을 만들어 평가하였다. 그 결과 컨설팅사 선정 요건에 모두 부합하고 관련 사업에 대한 이해도가 높은 A사가 Master Plan 단계 컨설팅사로 선정되었다.

Master Plan 단계의 컨설팅사는 ERP 구축작업도 동일하게 담당하는 것이 보편적이다. 그런데 포스코에너지의 경우 각 단계별 업무특성을 고려해 Master Plan 단계는 A사가 담당하고, ERP 구축작업은 향후 유지보수도 함께 고려해 PI 구축 경험이 많은 C사를 컨설팅사로 선정하였다.

1.3.1 컨설팅사의 역할

컨설팅사는 다양한 프로젝트 수행 경험을 바탕으로 PI3.0추진반을 지원할 수 있는 전문가 그룹이다. 즉, 이슈 분석, 효과적인 해결방안 제공 등 중요한 의사결정에 대한 대안을 제시해주는 역할을 수행해야 한다. 컨설팅사는 Master Plan 단계에서 수립해야 하는 각 단계별 업무에 대한 방법론을 제시하고 일정관리, 프로젝트 상세 일정 수립 · 관리, 국내외 참고사례 조사 및 벤치마킹 지원, 전사 표준화(업무표준, 작업표준) 관련 지원 등의 업무를 담당하였다.

1.3.2 컨설팅사 선정 방법

컨설팅사를 선정하기 위해서는 업무 수행능력에 대한 평가가 필수적이었다. 이에 포스코에너지는 컨설팅사 선정 최종 평가표인 [그림1-3]을 통해 PI 3.0 프로젝트 수행에 적합한 컨설팅사를 정량적으로 평가하였다.

컨설팅사에 대한 평가는 [그림1-3]과 같이 각각의 항목별로 이루어졌다. 즉, ① 컨설팅사 규모(PI 대상기업의 규모는 어떤 기업이며 컨설턴트 투입인력은 몇 명이였는지?), ② 프로젝트 수행 경험(프로젝트는 어떤 성격의 업무를 수행하였는지?), ③ 프로젝트 수행 범위(프로젝트를 수행하는 데 있어 전 부문 또는 단위 부문 등 프로젝트의 업무적용 범위는 어떠했는지?), ④ 프로젝트의 비용적 효과(프로젝트에 대한 성과 중 비용효과를 연간 환산 시 어느 정도 되는지?), ⑤ 프로젝트를 통한 프로세스 측면의 변화(프로젝트 추진결과 프로세스의 변화 정도는?)에 대한 객관화된 평가를 하였다. 그리고 컨설턴트 인터뷰를 통해 컨설턴트의 역량도 점검하는 평가과정을 거쳤다. 컨설팅사 선정 후 계약과정에서는 포스코에너지 법무그룹이 계약 후 진행하게 될 컨설팅사 업무에 대한 범위까지 자세히 점검하였다.

컨설팅사 선정 최종 평가표

컨설팅사 :		평가자 :		
질문사항	평가항목	배점	점수	비고
대형 PI 프로젝트 PM 성공 수행 경험				
가. PI 대상기업의 규모는 어떤 기업이며 컨설턴트 투입인력은 몇 명이었는지? (인력투입기준 : Full Time Equivalences)	가. 대상기업 규모 ① 포춘지 500대 기업 ② 대규모(투입인력 20FTEs 이상, 기간 1년 이상) ③ 중규모(투입인력 10~20FTEs) ④ 소규모(투입인력 10FTEs 미만)	10		
나. 프로젝트의 성격은?	나. 프로젝트 성격 ① ERP전제PI ② PI·ERP ③ 전략 ④ 개선 ⑤ 기타	10		
다. 프로젝트의 업무적용 범위는?	다. 업무적용 범위 ① 전 부문(1~2개 특수 부문 제외해도 포함) ② 판매, 생산, 재무, 구매 부문 ③ 2개 이상 부문 ④ 단위 부문(예:재무 부문)	10		
라. 프로젝트에 대한 성과 중 비용효과를 연간 환산 시 얼마정도 되었는지?	라. 프로젝트에 대한 성과(비용효과 측면) ① 1000억/년 이상 ② 700~1000억/년 ③ 700~500억/년 ④ 500~300억/년 ⑤ 300억/년 미만	10		
마. 프로젝트 추진결과 프로세스의 변화 정도는?	마. 프로젝트 추진결과 프로세스의 변화 정도 ① 약 70% 이상 ② 70~60% ③ 60~50% ④ 50~40% ⑤ 30% 미만	10		

[그림1-3] 컨설팅 선정 템플릿

1.4 As-Is 분석

As-Is 분석은 현재 현업에서 실제로 벌어지고 있는 상황을 분석하고 면밀히 검토하는 프로세스이다. 현업 프로세스의 분석을 통해 무엇이 문제이고, 그 문제를 해결하기 위해 어떻게 해야 하는지 개선안을 마련할 수 있기 때문에 PI3.0추진반을 중심으로 전사적인 참여가 필요하였다.

개선기회 도출을 위한 CAM, 이론적 Best Process 설계 및 검토, 임원 및 그룹리더의 의견 수렴, 외부 고객 의견 수렴 등 As-Is 분석은 다각적인 방법으로 진행되었다. As-Is 분석은 업무활동 관리가 가능한 단위로 6개 메가 프로세스, 34개 프로세스 체인, 162개 전사 프로세스로 분류하였다.

1.4.1 As-Is 분석 개요

　PI 3.0 프로젝트의 첫 번째 단계로 가장 먼저 시작한 작업은 As-Is 분석(현업 분석)이다. As-Is 분석은 현재 포스코에너지가 업무를 수행하는 데 있어 어떤 방식으로 진행하는지 확인하는 과정으로, 분석결과 업무 방식의 표준이 없고 업무프로세스가 엉켜있어 업무의 논리적 순서를 찾을 수 없었다. 즉, 업무수행을 하는 데 판단의 기준이 되는 표준이 없어 시스템 간의 연계성이 결여되는 등 비효율적인 요소들이 확인되었다. 따라서 기업의 업무활동에 대하여 효율적인 관리가 가능한 단위로 프로세스를 분류하는 작업이 필요하였다. 프로세스 분류는 현업부서의 업무조사서 내용을 토대로 PI3.0추진반에서 분류한 것으로, 현업부서와 공감대를 형성할 수 있는 계기가 되었다.

　[그림1-4]처럼 사업 단위별 개선 및 성과관리가 용이하고, 미래 가치를 창출하는 활동과 기업의 경영활동을 공통으로 지원하는 업무를 고려하여 연구개발 메가, 발전사업 메가, 연료전지사업 메가, 신사업개발 메가, 투자사업운영 메가, 경영기획 및 지원 메가의 6개 메가 프로세스로 분류하였다. 또한 기획 및 재무, 인사관리, 총무, 환경관리 등 프로세스 체인(업무 완결성 측면에서 유사한 업무 집합 단위로 세분화)으로 분류하였다. 그 결과 [그림 1-5]에서 보는 바와 같이 연구개발 메가(3), 발전사업 메가(5), 연료전지사업 메가(9), 신사업개발 메가(3), 투자사업운영 메가(7), 경영기획 및 지원 메가(7)와 같이 프로세스 체인 분류 원칙에 따라 메가 프로세스 체인은 34개로, 전사 프로세스는 162개로 분류되었다.

　기업의 업무 프로세스를 가시화·표준화하고, 이를 실행 개선·관리 등의 업무 목적성에 맞도록 프로세스 분류체계를 한 후에는 프로세스를 구성하는 Activity들에 대한 업무의 정의·목적·범위, 수행 절차·주체, 내부 연계된 입·출력물 및 프로세스 사항을 기술하여 Flow Chart를 표기하는데, 이를 프로세스 매핑이라고 한다. 체계적으로 잘 구현된 프로세스 맵은 프로세스 개선을 지원하며, 궁극적으로 효율성을 높인다.

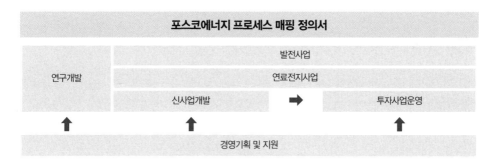

[그림1-4] Mega Process 분류

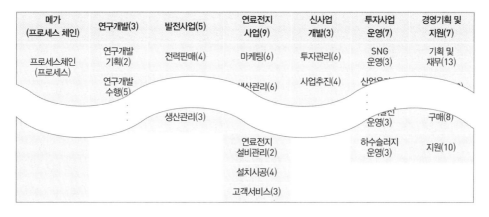

[그림1-5] Mega & Chain 프로세스 분류

[그림1-6]은 연료전지사업의 업무 중 생산관리에 대한 프로세스 매핑 템플릿으로, 현업의 문제점을 확인해서 무엇을 개선해야 하는지 확인할 수 있다.

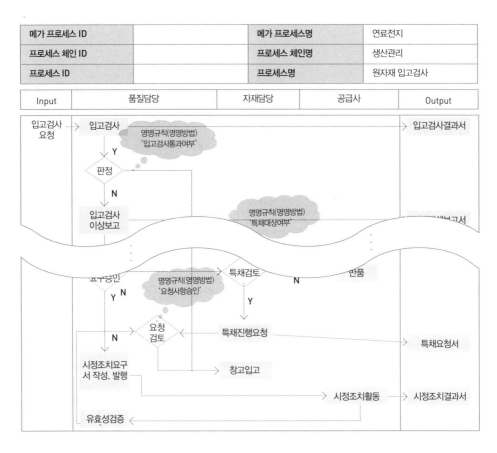

[그림1-6] 프로세스 정의서

1.4.2 As-Is 분석 이유 및 방법론

As-Is 분석은 현재 포스코에너지가 사용하고 있는 프로세스의 수준을 면밀히 파악하여 현재의 업무역량을 점검하여 분류하는 작업이다. [그림1-7]은 현업분석을 통해 개선기회를 마련하는 과정을 도식화한 것으로, 개선기회를 도출하기 위해서는 선진사 대비 역량진단(CAM), 이론적 Best Process 설계 및 검토, IT 요구사항정의서, 이슈 및 근본원인 정의서, 임원 및 그룹리더의 의견 수렴, 실무진 개선 의견 수렴, 외부 고객 의견 수렴 등 객관적인 As-Is 분석이 선행되어야 한다.

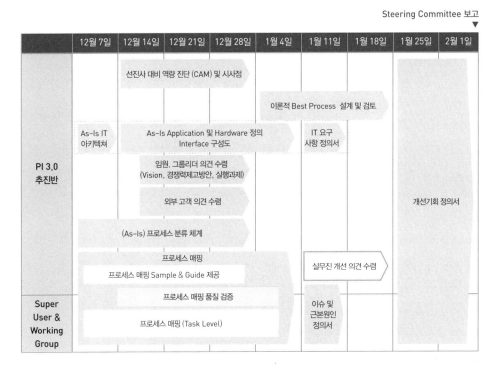

[그림1-7] 개선기회 도출 방법론

CAM(Capability Assessment Model : 역량진단)

조직의 다양한 업무에 대한 기대 역량들을 수준별로 제시하는 컨설팅사 A의 CAM을 활용하여 As-Is 현황 분석 및 개선 과제를 도출하였다. CAM은 프로세스, 시스템, Infra, 조직 등 다양한 관점의 진단 및 분석 도구로 업무영역별 기대역량을 포스코에너지 비즈니스에 맞게 정의한 후, 그룹 내 각 산업별 특징에 따라 차등 적용하였다. 컨설팅사 A가 보유한 진단 체계에 따라 ① 역량진단 질문지 제작 및 PI3.0 추진반 Review, ② 각 프로세스 영역에 대해 PI와 Super User가 논의를 통해 수준을 평가, ③ 포스코에너지 업무 체계에 대한 진단 결과를 토대로 시사점을 도출하였다.

CAM은 연구개발 메가, 발전사업 메가, 연료전지사업 메가, 경영기획 및 지원 메가의 포스코에너지 4개 메가 프로세스의 세부 영역을 수행하였다. 또한 프로세스별로 4단계(Basic-Advanced-Leading-Emerging)로 나눠 역량을 정의하였으며, 이에 맞추어 프로세스별 역량의 현재 수준을 평가하였다. 컨설팅 A사 CAM의 업무 영역별 수행역량을 포스코에너지의 업무 체계에 맞춰 재구성하고, 진단의 결과 선진사례 대비 혁신이 필요한 프로세스 영역은 Best Process 설계 범위로 선정하였다.

이론적 Best Process 설계 및 검토

이론적 Best Process 설계는 CAM 결과, 혁신이 필요하다고 판단되는 프로세스 영역을 대상으로 혁신의 목표를 설정하고, 이를 달성하기 위한 가설수립 및 실현 가능성 검증을 통해 개선요구사항을 도출하는 방식으로 진행하였다. 이론적 Best Process 설계 및 검토는 다음과 같다.

① 이론적 Best Process 설계 범위 선정

- · 역량진단의 결과, Basic 또는 Advanced로 평가 된 프로세스 영역을 대상으로 선정
- · 역량진단에서 제외된 프로세스 영역은 선별적으로 포함

② 해당 프로세스에 대한 혁신 목표 설정

- · Value Adding, Costing Saving, Speed Up, Enhanced Visibility 제고 측면에서의 프로세스 운영 목표 설정
- · 현재 프로세스 운영 수준 점검
- · 프로세스 운영 목표와 현 수준 간의 Gap을 극복할 수 있는 가설을 도출하기 위해 Key Question 정의

③ 혁신 목표 달성을 위한 가설 도출

- · 5W1H 관점에서 가설을 단계적으로 구체화

④ 가설에 대한 실현 가능성 검증

- · 도출된 가설을 투자비용 및 효과 비교를 통해 실현 가능성 검증
- · 실현 가능한 가설에 대하여 개선요구사항 도출로 연계

⑤ 실현 가능한 가설을 기반으로 개선요구사항 도출

- · 실현 가능한 가설은 프로세스, 조직 · 제도, Data 및 IT 시스템 관점에서의 개선요구사항을 도출하여 내용 정리

임원 및 그룹리더 의견 수렴

임원 및 그룹리더의 기대와 당부사항을 파악하여 혁신방향 설정과 To-Be 상세 구현 과정에 반영하는 것은 프로젝트에서 핵심적인 요소다. 프로젝트 수행 시 예상되는 위험 및 장애요소를 사전에 파악하여 예방할 수 있고, 향후 현업들과 업무를

추진할 때 임원 및 그룹리더의 추진의지를 전달해 직원들이 프로젝트에 적극적으로 참여하도록 유도할 수 있기 때문이다. 프로젝트 성공요소, 혁신방향에 대한 의견, Vision 2020 및 3개년 경쟁력 제고 방안, 부서별 실행과제 진행을 위한 Master Plan, 프로젝트 당부사항에 대한 의견을 약 30분 내외로 청취하는 방법을 통해 임원 및 그룹리더의 의견을 수렴하였다.

외부 고객 담당자(VOC)

외부 고객 담당자를 대상으로 전반적인 만족도 및 Category(납기·품질·서비스·가격·브랜드)별 만족도에 대한 내용을 설문지 및 인터뷰로 취합하여 그 결과를 엑셀 템플릿으로 작성했다.

위와 같은 사항들을 진단하고 설계 및 검토한 후, 의견을 수렴하고 외부고객 담당자를 인터뷰하는 과정을 개선기회 도출 방법론이라고 할 수 있다. 개선기회 도출 방법론뿐만 아니라 예상치 못한 문제점을 점검하기 위해 '만약 …하다면', '만약 …경우라면', '향후 …상황이 발생된다면' 등의 구체적인 가정법을 활용하여 To-Be 상세 구현을 준비하였다. 임직원들에게 가정법 과정을 통해 혁신적인 아이디어를 도출해낼 수 있는 기회를 마련한 것이다.

1.4.3 프로젝트 전략 확인 및 준비

기업의 업무활동에 대해 효율적인 관리가 가능한 단위로 프로세스를 분류하는 과정에서 메가 프로세스, 프로세스 체인, 프로세스로 세분화하였다.

메가 프로세스

메가 프로세스는 사업별 업무를 공통으로 지원하는 업무의 특성을 고려해 분류하였다. 그 예가 운영 중인 사업(발전사업, 연료전지사업), 미래 가치 창출(연구개발, 신사업개발, 투자사업운영), 공통업무(경영기획 및 지원)이다.

프로세스 체인

업무 완결성 측면에서 유사한 업무집합 단위로 분류하는 프로세스 체인은 기획 및 재무, 인사관리, 총무, 환경관리 등 유사한 업무기능을 중심으로 분류하였다. 예를 들면 자재 · 설비 · 외주 등 구매 업무가 조직별로 분산되어 있었으나, 업무 유사성을 고려하여 구매 프로세스 체인으로 통합하였다.

프로세스

프로세스는 성과측정이 가능하고 의미 있는 산출물을 생성하는 단위로, 프로세스 체인 내에서 업무 흐름(Plan-Do-See) 관점의 분류와 업무 기능 단위의 분류로 나뉜다. 업무 흐름 관점의 분류에는 고객서비스 계획, 고객서비스 수행, 고객서비스 분석 등이 있고, 업무기능 단위의 분류에는 시설관리, 교육훈련, 복리후생 등이 있다.

발전사업 메가의 업무 완결성 측면에서 유사한 업무 집합 단위로 프로세스 체인을 분류한 결과 전력판매(13), 연료구매(9), 환경정책대응(10), 전력생산관리(18), 발전설비관리(35), 전력정책대응(4)의 6개 프로세스 체인 및 89개 프로세스에 대한 매핑을 완료하였다.

전력판매 (13)	연료구매 (9)	환경정책대응 (10)	전력생산관리(18)		발전설비관리(35)		
전력판매계획수립_CBP발전기	연료구매계약체결_LNG	RPS정책대응	전력생산계획수립_CBP발전기	전력생산실적관리_부생발전기	설비분류체계관리	일상정비작업정산	정비비용분석_CBP발전기
-	-	-	-	-	-	-	-
부생발전기판매단가산정	연료수급관리_LNG	REC현물거래	전력생산지시_부생발전기	유틸리티사용실적관리_해수(인천)	예방보전PM기준관리	고온부품수급관리	도면및기술자료출력
~~매입찰	연료수급관리		독립~~	~~유틸리티사용~~	대수리정비~~		

전력거래정산_부생발전기	전력정책대응(4)	온실가스감축및에너지절약등의목표이행계획서제출		일상정비계획수립	설비진동진단
전력거래정산_신재생발전기	전력시장운영규칙개정			일상정비작업준비_CBP발전기	설비진단활동정산및보고
-	-			-	-
				-	-
	PPA계약이행관리				

[그림1-8] 메가 분류표 및 프로세스맵_발전

연료전지사업 메가는 일반적인 제조업의 특성을 가지고 있으며, 고객의 주문에 의해 생산되는 업무의 특성이 있는데 Value 체인 관점에서 8개 프로세스 체인, 65개의 프로세스에 대한 매핑을 완료하였다. 연료전지발전소의 경우 발전계획 수립 없이 상시 가동체제로 운영하며, 설비 운영 업무는 고객서비스 업무와 동일하게 운영되어 고객서비스 프로세스 체인에 포함되었다. 연료전지 메가는 마케팅(5), 생산관리(6), 품질관리(5), 스택생산(5), BOP생산(2), 프로젝트(7), 고객서비스(9), 출하(2)의 프로세스 체인이 완료되었다.

마케팅(5)	생산관리(6)	품질관리(5)	스택생산(5)	BOP생산(2)	프로젝트(7)	고객서비스(9)
마케팅전략수립	생산기준정보관리	입고검사	1.4MW Kitting	2.8MW MBOP조립	견적설계및수주대응	서비스계획수립
수주관리	생산계획관리	부적합품관리	1.4MW Stack sembly	EBOP검사	실행계획	예방정비
					관리	설비기능
					주변설비시운전	LTSA실적정산
						고객불만접수및대응
						주기기시운전

[그림1-9] 메가 분류표 및 프로세스맵_연료전지

경영기획 및 지원 메가는 기업의 경영활동을 지원하는 경영기획, 재무, 인사관리, 구매 등 업무의 포괄적 목적성을 고려하여 단일 메가로 분류, 동질의 업무별로 그룹핑하여 프로세스 체인을 완료하였다. 경영기획 및 지원메가에서는 기획 및 재무(68), 투자관리(4), 총무(14), 환경관리(6), 경영감사(5), 인사관리(46), 구매(17), 경영지원(26)의 8개 프로세스 체인, 186개 프로세스에 대한 매핑을 완료하였다.

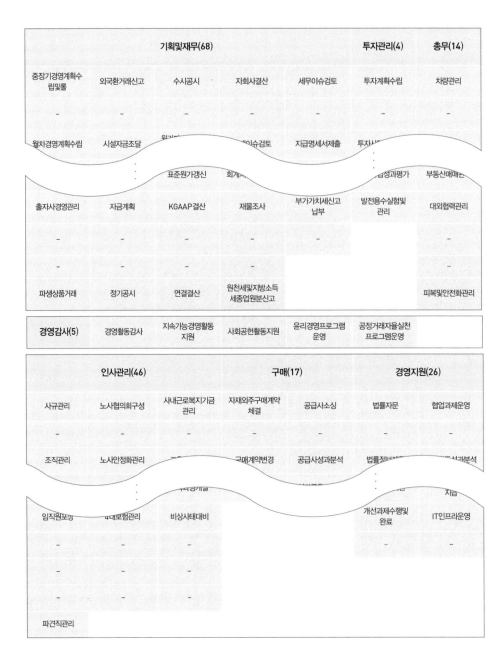

기획및재무(68)					투자관리(4)	총무(14)
중장기경영계획수립및롤	외국환거래신고	수시공시	자회사결산	세무이슈검토	투자계획수립	차량관리
-	-	-	-	-		
월차경영계획수립	시설자금조달				투자	
		표준원가갱신	회계		성과평가	부동산매
출자사경영관리	자금계획	KGAAP결산	재물조사	부가가치세신고납부	발전용수실험및관리	대외협력관리
-	-	-		-		-
파생상품거래	정기공시	연결결산	원천세및지방소득세종업원분신고			피복및안전화관리
경영감사(5)	경영활동감사	지속가능경영활동지원	사회공헌활동지원	윤리경영프로그램운영	공정거래자율실천프로그램운영	

인사관리(46)			구매(17)		경영지원(26)	
사규관리	노사협의회구성	사내근로복지기금관리	자재외주구매계약체결	공급사소싱	법률자문	협업과제운영
-	-	-	-	-	-	
조직관리	노사안정화관리		구매계약변경	공급사성과분석	법률정	석과분석
		개				지급
임직원포상	4대보험관리	비상사태대비			개선과제수행및완료	IT인프라운영
					-	-
		-				
		-				
파견직관리						

[그림1-10] 메가 분류표 및 프로세스맵_경영기획 및 지원

66

연구개발 메가는 업무 목적성이 유사한 업무 관점에서 기술전략 기획(3), 연구개발 수행(6), 기술자산 관리(4), 연구자원 관리(1)의 4개 프로세스 체인, 14개 프로세스를 매핑하였다. 또한 신사업개발 및 투자사업 메가는 7개 프로세스 체인, 20개 프로세스에 대한 매핑을 완료하였다.

연구개발		신사업개발_사업개발(3)		신사업개발_건설관리(3)	
기술전략 기획(3)	연구개발 수행(6)	사업발굴 및 발의(4)	사업추진(4)	투자사업 확정(3)	건설관리(3)
기술및정책정보 수집분석	연구과제관리	투자사업발굴	추진조직설립	투자사업발의	설계관리
-	-	-	-	-	-
대외연구관련 업무대응	연구과제추진 계획수립		사업인허가	투자사업	
		투자사업발의		(2)	
특허등록유지	학술활동	시공관리		엔지니어링	
특허보상관리	연구자원 관리(1)	건설인허가		투자사업 관리	
연구시설물관리	연구비관리			태양광발전 운영(2)	
				전력생산	설비관리

[그림1-11] 메가 분류표 및 프로세스맵_연구개발, 신사업개발, 투자사업운영

1.4.4 현행 환경 분석

현행 환경 분석과 PI 3.0 프로젝트의 전체적인 로드맵을 설명하고 공유하기 위해 PI3.0추진반, Super User, 컨설턴트가 모두 모여 이야기하는 워크숍을 진행했다. 위

크숍 어젠다를 선정하고 각 어젠다에 맞는 시간을 배분한 후, 어젠다에서 다루어질 내용을 명확하게 분류하여 워크숍 일정표를 만들었다. 또한 어젠다별로 진행의 주체를 확정했다.

어젠다는 전날 오후에는 PI 추진 로드맵, 프로세스 분류방법론, 프로세스 분류 현황, 프로세스 분류안 그룹 토의로 나누고 Q&A 세션을 가졌다. 각각의 어젠다는 전체 워크숍의 일정을 공유, PI 전체 일정 및 Super User의 역할 설명, 프로젝트 단계의 정의와 분류 방법론, 포스코에너지에서 사용하고 있는 업무 분류에 대한 현황 등을 모두 포괄하는 것이었다. 다음 날 오전의 어젠다로는 프로세스 맵핑 가이드, 프로세스 Pilot 맵 작성, 표준개선방안 토의, Q&A 세션이 있다. 이 어젠다의 내용은 프로세스 맵핑 방법론 공유와 실제적인 사례 공유, Super User별 프로세스 Pilot 작성과 작성 시 이슈 사항, 각 표준양식과 개선 방안 수립이었다. 여기서 눈여겨볼 사항은 프로세스 Pilot 맵 작성은 Super User가 워크숍의 어젠다 진행 주체가 되어 프로젝트 진행 시에 꼭 숙지해야 할 프로세스 맵 작성 이슈사항을 다룰 수 있게 배정하였다는 것이다.

1.4.5 개선기회 도출

프로세스 분류체계는 기업의 업무 프로세스를 가시화 · 표준화하고, 이를 실행 · 개선 · 관리 등의 업무 목적성에 맞도록 체계적으로 분류하는 것이다. 포스코에너지는 전사의 모든 업무를 프로세스 중심의 업무수행 및 개선을 위해 '프로세스 관점'에서 분류하여 표준을 제정하였다. 프로세스는 전사의 모든 업무를 메가 프로세스,

프로세스 체인, 프로세스의 관리 단위별로 구분하고 계층화하는 수직적 분류체계와 Business Event(실제 업무의 흐름을 유발하는 동인)에 의한 실제 업무 흐름을 순서대로 Cross-Functional하게 연결하고 유형별로 체계화하는 수평적 분류체계로 구분하였다. 이러한 과정은 프로세스를 체계적으로 실행 · 관리하고, 기업 경영의 성과 향상을 위해 누가(Who), 어떤 Point(Which Point)를 개선해야 할지를 규명하는 데 활용할 수 있다.

전사의 모든 업무를 프로세스 관점에서 구조화하고, 프로세스 중심의 성과를 관리할 수 있는 기반을 제공하기 위해 다음과 같은 4가지 요건에 따라 프로세스 체계를 구축하였다.

① 전사 업무의 포괄적 가시화

· 가시화 · 표준화가 필요한 전사의 모든 업무를 프로세스 분류체계로 전환

② 성과 측정을 위한 산출물 중심의 프로세스 분류

· 업무의 목적성에 따라 독립된 산출물을 생성하는 업무 흐름 단위로 프로세스 도출

· 프로세스 내의 업무수행 중 관리가 필요한 산출물을 생성하는 업무 흐름 단위로 Task 도출

③ Cross-Functional 관점의 실제 업무 흐름 가시화

· Business Event를 중심으로 Cross-Functional 프로세스의 가시화 및 유형별 관리

④ 명확한 오너십 부여

· 분류체계를 기준으로 최소 업무 단위까지 명확한 오너십을 부여함으로써 책임과 권한을 명확히 정의

개선기회는 경영자료, VOB(그룹리더 이상), VOC(실무진), 고객 VOC, 타사 선진 사례, As-Is 이슈, CAM의 기초 자료 및 의견을 바탕으로 도출되었다. 또한 [그림 1-12]처럼 발전사업, 연료전지사업 등 메가별 개선기회명, Description, 개선목표, 개선기회 성격으로 분류해 작성하였다. 개선기회를 프로세스, 조직 및 제도, Data, IT 시스템으로 분류하여 어떠한 부분의 개선이 필요한지 개선기회 성격을 구분하는 작업도 이 과정에서 진행하였다.

발전사업 메가에서는 21개 주요 개선기회를 도출하였고, 이를 8개 혁신방향으로 정리하였다. 발전 메가의 8개 혁신방향은 설비 기준정보 표준화 및 시스템 활용도 증대, 설비조전 관리 역량 강화, 설비 Life Cycle 관점 관리체계 구축, 설비 성능 향상 프로세스 정례화, 표준 원단위 목표 달성 체계 구축, 환경규제 대응을 위한 능력 향상, 전력거래 업무의 전문화이다.

연료전지사업 메가에서는 19개 주요 개선기회를 6개 혁신방향으로 정리하였다. 수주관리 역량 강화를 위한 마케팅 프로세스 정립, 통합 판매·생산·원자재 사용 계획 수립 체제 구축, 생산성 향상을 위한 신뢰성 있는 생산관리 프로세스 구축, 불량 제로화를 위한 통합품질관리 체계 구축, 고객중심 물류 및 출하 관리 체제 구축, 공장 설비관리 표준화 및 프로세스 정립, 연료전지 설치 프로세스 최적화, 연료전지 발전이용률 증대를 위한 고객관리 프로세스 강화가 포함되었다.

경영기획 및 지원 메가에서는 30개 주요 개선기회를 도출하고, 이를 13개 혁신방향으로 정리하였다. 경영계획 수립 내실화 및 모니터링 강화, ERP 정보 적기 활용체제 구축, 투자사업 정밀 관리체계 구축, 회계 결산 효율성 및 신속성 제고, 원가관리 체계 재수립, 교육 및 경력관리 재정립, 전사 R&R 재정립, 구매계획 수립 및 분석기능 강화, 공급사와의 동반성장 활동 강화, 구매역량 강화 및 역할 명확화, 자재관리

정보의 정합도 향상, 직원 근무 만족도 향상을 위한 총무지원 강화가 포함되었다.

연구개발 메가에서는 10개 주요 개선기회를 연구개발 결과물 관리 프로세스 구축, 연구개발성과에 대한 체계적인 분류 및 활용, 연구개발성과에 대한 체계적인 분류 및 활용, TRM 수립과 R&D 특성을 고려한 과제선정 및 업무 R&R 명확화, Stage Gate 중심의 R&D 프로세스 구축 및 연구인력 관리의 4개 혁신방향을 선정하였다.

신사업개발 메가에서는 12개 주요 개선기회를 5개 혁신방향으로 분류하였다. 투자사업 개발 및 검증체계 구축, 투자사업 관리체계 구축, 투자사업 수행을 위한 역량확보, 건설사업 관리체계 구축, 건설사업 수행을 위한 역량확보는 신사업개발 메가에서 도출한 혁신방향이다.

[그림1-12] 개선기회 도출

1.5 To-Be 상세구현

Master Plan 첫 번째 단계인 As-Is 분석을 통해 도출된 개선기회를 바탕으로 혁신과제를 정의하고, 이에 대한 변화모습인 To-Be 상세구현을 하였다.

To-Be 상세구현은 PI 3.0 프로젝트를 추진하던 당시 포스코에너지의 업무 프로세스에 대한 문제점을 점검하고, 이를 개선하기 위한 변화모습을 도출해가는 과정이다. 이 과정에서 업무 프로세스에 대한 개선점을 찾아 To-Be 상세구현 작업에 만전을 기해야 이후 진행되는 상세설계와 구축 단계에서 시스템을 통한 효과적인 업무개선을 마련할 수 있다.

To-Be 상세구현을 통해 낭비요소 개선, 설비기준정보 표준화, 이력관리 강화, 명확한 Data 확보, 이슈 분석 등 업무 프로세스를 재정비할 수 있는 22개의 혁신과제 주요변화모습을 설계하였다.

1.5.1 혁신과제 정의

PI 3.0 프로젝트는 단순히 변화의 흐름에 맞춰가는 것이 아니라, 전략적이고 체계적으로 혁신과제를 도출하고 수행해나가는 과정이라고 할 수 있다. 포스코에너지의 혁신과제는 일부 조직과 특정 업무에만 해당되는 것이 아닌, 프로세스 관점에서 여러 부서의 업무가 서로 연관성을 갖고 문제가 되는 요소를 발견하여 개선해나가는 것을 의미한다.

As-Is 분석을 통해 도출된 혁신과제는 처음 후보군으로 40~50개 정도였는데, 최종적으로 PI 혁신과제로 22개를 선정하였다. 이는 몇 차례 리더급(임원 포함) 토론회를 통해 최종적으로 22개가 도출된 것이다. 처음 혁신과제를 도출하기 위해 PI 과제별로 구체적인 목표를 세웠고, 그것을 달성하기 위한 세부 실행과제를 만들었다.

발전사업 메가의 주된 업무는 전력 판매활동인데, 전력 판매는 한국전력거래소와 대정부 전력정책에 대한 대응이 주된 활동이다. 전력생산은 한국전력거래소의 전력생산계획에 따라 운영되고, 재고가 없는 것이 특징이다.

발전사업 메가의 이러한 업무 특성을 반영해 6개의 혁신과제를 만들었다. 발전설비 성능 저하요인 제거를 통한 이론적 최고 효율 및 출력 달성, 발전설비 돌발정지 최소화와 계획수리 최적화를 통한 가용률 증대, 전력생산에 투입되는 유틸리티(전력, 상수, 화공약품)의 낭비요소 제거로 발전 원가 절감, 정비작업 최적 수행을 위한 발전설비 기준정보 표준화와 설비관리 시스템 구축, 전력판매 프로세스 개선 및 전력시장 규칙개정을 통한 수익 증대, 배출권할당량 최대 확보를 통한 의무이행비용 최소화와 한전을 통한 배출권확보비용 보상이 포함되어 있다.

연료전지사업 메가는 연료전지 단위 작업별 순작업시간 측정을 통한 낭비요소 발굴 및 개선, 고장 사전예측 및 지역별 서비스센터에 의한 신속한 고객대응으로 연료전지 이용률 증대, 연료전지 특성에 맞는 수주–판매–생산계획 수립 및 스케줄링 프로세스 정립, 연료전지 설치시공 프로세스 재정립과 종합건설 면허 취득으로 설치시공 이익 증대, 연료전지 품질 검사표준 정립으로 원자재 및 제품 품질 확보, 정비작업 최적 수행을 위한 연료전지설비 기준정보 표준화와 설비관리 시스템 구축의 6개 혁신과제를 도출하였다. 6개 혁신과제는 연료전지사업 메가의 특성을 반영한 것으로, 연료전지 사업은 일반적인 제조업의 특성을 가지고 있으며 고객의 주문에 의하여 생산된다는 특성이 있다.

기업의 경영활동을 지원하는 경영기획, 재무, 인사관리, 구매 등의 업무를 포괄적으로 하는 경영기획 및 지원 메가의 특성을 고려해 7개의 혁신과제를 도출하였다. 월 회계결산 D+1일 완료 체계 구축, 임직원이 필요한 정보를 언제 어디서라도 즉시 제공하기 위한 경영정보 시스템 구축, 구매 품목유형 재분류 및 최적 구매방법 선정을 통한 구매 원가 절감, 자재 운영 단위 표준화 및 자재 유형별 최적 재고 관리로 재고금액 절감, 합의에 의한 개인목표 설정과 분기별 성과관리를 통한 인사평가 공정성 제고, 경력개발 프로그램 운영을 통한 인재 양성, One-Stop Service를 제공할 수 있는 총무 지원 체계 구축의 7개가 경영기획 및 지원의 혁신과제이다.

As-Is 분석을 통해 도출된 연구개발 및 신사업개발 메가에서는 3개의 혁신과제가 도출되었고, 과제는 사업화가 전제된 R&D 과제 선정과 개발 단계의 성과 검증 체계 구축, 분리발주 확대를 위한 기준 수립과 공사관리 표준화를 통한 건설비 절감, 신사업 투자타당성 평가 프로세스 정립과 리스크 대응 매뉴얼 제정이다.

메가		혁신과제명
발전사업 (6개)	1	발전설비 성능 저하요인 제거를 통한 이론적 최고 효율 및 출력 달성
	2	발전설비 돌발정지 최소화와 계획수리 최적화를 통한 가용률 증대
	3	전력생산에 투입되는 유틸리티(전력, 상수, 화공약품)의 낭비요소 제거로 발전 원가 절감
	4	정비작업 최적 수행을 위한 발전설비 기준정보 표준화와 설비관리 시스템 구축
	5	전력판매 프로세스 개선 및 전력시장 규칙개정을 통한 수익 증대
	6	배출권할당량 최대확보를 통한 의무이행비용 최소화
연료전지 사업 (6개)	7	연료전지 단위 작업별 순작업시간 측정을 통한 낭비요소 발굴 및 개선
	8	고장 사전예측 및 지역별 서비스센터에 의한 신속한 고객대응으로 연료전지 이용률 증대
	9	연료전지 특성에 맞는 수주–판매–생산계획 수립 및 스케줄링 프로세스 정립
	10	연료전지 설치시공 프로세스 재정립과 종합건설 면허 취득으로 설치시공 이익 증대
	11	연료전지 품질 검사표준 정립으로 원자재 및 제품 품질 확보
	12	정비작업 최적 수행을 위한 연료전지설비 기준정보 표준화와 설비관리 시스템 구축
경영기획 및 지원 (7개)	13	월 회계결산 D+1일 완료 체계 구축
	14	임직원이 필요한 정보를 언제, 어디서라도 즉시 제공하기 위한 경영정보 시스템 구축
	15	구매 품목유형 재분류 및 최적 구매방법 선정을 통한 구매 원가 절감
	16	자재 운영 단위 표준화 및 자재 유형별 최적 재고 관리로 재고금액 절감
	17	합의에 의한 개인목표 설정과 분기별 성과관리를 통한 인사평가 공정성 제고
	18	필요 역량 기반의 자주형 경력개발 프로그램 운영을 통한 인재 양성
	19	One-Stop Service를 제공할 수 있는 총무 지원 체계 구축
연구개발 및 신사업개발 (3개)	20	사업화가 전제된 R&D 과제 선정과 개발 단계의 성과 검증 체계 구축
	21	분리발주 확대를 위한 기준 수립과 공사관리 표준화를 통한 건설비 절감
	22	신사업 투자타당성 평가 프로세스 정립과 리스크 대응 매뉴얼 제정

[그림1-13] 혁신과제 리스트

1.5.2 혁신과제 목표 수준 설정

개선기회를 바탕으로 혁신과제를 도출하는 데까지 약 3개월이 걸렸다. 이 과정에서 PI3.0추진반과 임직원들은 고장 없는 안전한 발전설비를 위한 최적의 설비조건은 무엇이고, 정비는 어떠한 방식으로 진행되는지, 이 분야에서 생산성이 우수한 회사는 어떠한 운영 방식을 갖추고 있는지 등을 조사하였다. 이러한 조사를 바탕으로 22개의 혁신과제를 도출하였고, 187개의 세부과제를 작성하였다. As-Is 프로세스맵 작성 → 임직원 인터뷰 실시 → 가정법에 의한 개선기회 도출 → 개선기회 종합 및 혁신방향 설정 → 혁신과제 도출 및 세부 구현방안 작성의 과정을 통해 22개의 혁신과제를 도출하고, 미래의 변화모습을 고려한 세부 구현방향을 수립하였다.

혁신과제 정의서는 각 혁신과제별로 [그림1-14]의 템플릿에 맞추어 작성하였다. 혁신과제 정의, 목표달성방안, 목표달성시점, KPI, 목표수준, 산출근거, 산출유형, 운영정의는 과제오너가 작성하도록 했다.

발전사업 메가의 6개 핵심과제 중 하나인 '발전설비 성능 저하요인 제거를 통한 이론적 최고 효율 및 출력 달성' 과제를 위한 [그림1-14]의 혁신과제 정의서를 살펴보면 성능관리 계획 수립부터 사후 관리까지, 표준 프로세스 정립을 통한 발전설비 효율·출력 개선으로 수익을 증대하는 혁신과제 정의를 위해 성능측정 기준 재정립, 성능데이터 신뢰도 확보, PDCA(Plan-Do-Check-Action) 관점의 성능개선 검토 및 시행 프로세스 재정립, 전사 성능관리를 위한 전문 지원 체제 운영의 혁신과제 목표 달성방안을 작성하였다.

보정계수를 반영한 주기기(Main Equipment)의 이론적 효율 및 출력 개선을 통한 수익향상의 산출근거는 이론적 절대값의 산출유형에 의해 표출되었고, 최종적인

KPI는 '효율 및 출력'이다.

(1) 발전설비 성능 저하요인 제거를 통한 이론적 최고 효율 및 출력 달성							
과제오너	발전사업실장		목표달성 시점	2014년			
정의	성능관리 계획 수립부터 사후 관리까지 표준 프로세스 정립을 통한 발전설비 효율·출력 개선으로 수익을 증대하는 과제임						
목표 달성 방안	■ 성능측정 기준 재정립 ■ 성능데이터 신뢰도 확보						
- KPI -							
KPI			목표 수준				
산출 근거			산출 유형	타사 사례	이론적 절대값	학술 근거	경영층 의지
운영 정의							

[그림1-14] 혁신과제 정의서_발전

연료전지사업 메가의 6개 혁신과제 중 '연료전지 단위별 순작업시간 측정을 통한 낭비요소 발굴 및 개선' 과제를 위한 [그림1-15]의 혁신과제 정의서는 표준화된 생산 기준정보를 바탕으로 시스템에 의한 작업지시 하달, 생산실적 집계, 생산실적 분석이 이루어지는 체계를 구축하고, 생산 낭비요소를 발굴·개선함으로써 생산성 혁신을 달성하는 과제를 실행하기 위해 작성되었다. 혁신과제를 위한 세부방안으로는 일·시간 단위 작업 스케줄링 및 작업지시, 조업실행 시스템 구축을 통한 신뢰성 높은 생산성 측정 및 개선기회 발굴이 제시되었다. KPI는 '인당 생산성'으로 산출근거는 설비투자·인력투입을 최소화하며 100MW급 생산능력을 확보하기 위한 것인데, 이는 경영층의 의지가 산출유형에 반영된 혁신과제이다.

(7) 연료전지 단위 작업별 순작업시간 측정을 통한 낭비요소 발굴 및 개선							
과제오너	연료전지사업실장		목표달성 시점		2015년		
정의	표준화된 생산 기준정보를 바탕으로 시스템에 의한 작업지시 하달, 생산실적 집계, 생산실적 분석이 이루어지는 체계를 구축하고, 생산 낭비요소를 발굴·개선함으로써 생산성 혁신을 달성하는 과제임						
목표 달성 방안	■ 일·시간 단위 작업 스케줄링 및 작업지시 – BOM·Routing 재검토 보완 – 공정을 요소작업단위로 분류 – 생산공정의 최적화						
– KPI –							
KPI							
산출 근거		산출 유형		타사 사례	이론적 절대값	학술 근거	경영층 의지
운영 정의							

[그림1-15] 혁신과제 정의서_연료전지

경영기획 및 지원 메가의 혁신과제는 7개로 표출되었다. 그중 하나인 [그림1-16]의 '월 회계결산 D+1일 완료 체계 구축' 혁신과제 정의서는 '결산업무의 낭비요소를 발굴, 개선하여 회계결산 소요시간 단축'을 위한 세부적인 방안을 작성되었다. KPI는 '월 회계결산 소요영업일수'로 현업 완결형 회계 체계 운영, 표준원가 도입으로 일일 결산 및 원가차이 분석 향상의 세부방안을 제시하였다.

(13) 월 회계결산 D+1일 완료 체계 구축						
과제오너	경영기획실장		목표달성 시점	2014년		
정의	경영진의 의사결정을 지원하기 위한 재무정보의 신속한 제공을 위하여 결산일 업무 과부하 제거, 현업부서 완성형 회계처리를 통한 결산 업무의 전사 분업화, 표준원가 결산을 통한 원가결산 소유시간 단축 및 결산업무의 낭비요소를 발굴, 개선하여 회계결산 소요시간을 단축하는 과제임					
목표 달성 방안	▪ 현업 완결형 회계 처리 체계 운영 ▪ 표준원가 도입으로 일일 결산 및 원가차이 분석 향상					
- KPI -						
KPI						
산출 근거			산출 유형	타사 사례	이론적 절대값	학술 근거	경영층 의지
운영 정의						

[그림1-16] 혁신과제 정의서_경영기획 및 지원

'사업화가 전제된 R&D 과제 선정과 개발 단계의 성과 검증 체계 구축'은 연구개발 메가의 혁신과제로 [그림1-17]의 '기술로드맵 기반의 사업화 전제 과제선정 프로세스와 개발 단계의 성과검증 프로세스를 정립하여, 2015년까지 R&D과제의 사업화율 100% 목표 달성'을 위한 혁신과제 정의서를 작성하였다. 혁신과제 수립을 위한 세부방안으로 경제성 중심의 중장기 기술 전략 및 과제 선정 프로세스 정립,

정례화한 성과검증 체계 구축으로 R&D 책임성 증진 및 손실 최소화 등을 도출하였다. KPI는 'R&D 과제의 사업화율'로 경영층 의지가 반영된 혁신과제이다.

(20) 사업화가 전제된 R&D 과제 선정과 개발 단계의 성과 검증 체계 구축							
과제오너	기술전략실장		목표달성 시점	2015년			
정의	기술로드맵 기반의 사업화 전제 과제선정 프로세스와 개발 단계의 성과검증 프로세스를 정립하여, 2015년까지 R&D과제의 사업화율 100% 목표를 달성하는 과제임						
목표 달성 방안	■ Biz.(경제성) 중심의 중장기 기술 전략 및 과제 선정 프로세스 정립						
- KPI -							
KPI			목표 수준				
산출 근거			산출 유형	타사 사례	이론적 절대값	학술 근거	경영층 의지
운영 정의							

[그림1-17] 혁신과제 정의서_연구개발

신사업개발 메가의 혁신과제인 '분리발주 확대를 위한 기준 수립과 공사관리 표준화로 건설비 절감'을 위한 혁신과제 정의서는 [그림1-18]로, 경영층의 의지가 반영된 혁신과제로서 KPI는 '기존 투자 실적 대비 건설비 절감'이다. 설계내역을 기반으로 투자비 산출 및 실행예산 편성, 모든 건설 프로젝트의 비용, 공정, 제작, 설계, 도면을 표준화된 Rule에 따라 관리하는 등의 세부방안을 제시함으로써 '발전설비 및 건설여건을 고려하여 발주방식 및 분리발주 기준을 정립하고, 공사단계별 인허가, 시운전 업무 등에 대한 표준화를 통해, 2016년까지 기존 투자실적 대비 건설비를 절감'하는 과제를 수행할 수 있는 신사업개발의 혁심과제 정의서를 작성하였다.

(21) 분리발주 확대를 위한 기준 수립과 공사관리 표준화로 건설비 절감						
과제오너	건설관리실장		목표달성 시점	2016년		
정의	발전설비 및 건설여건을 고려하여 발주방식 및 분리발주 기준을 정립하고, 공사단계별 인허가, 시운전 업무 등에 대한 표준화를 통해, 2016년까지 기존 투자실적 대비 건설비를 절감하는 과제임					
목표 달성 방안	■ 설계내역을 기반으로 투자비 산출 및 실행예산 편성					
- KPI -						
KPI			목표 수준			
산출 근거			산출 유형	타사 사례	이론적 절대값	학술 근거	경영층 의지
운영 정의						

[그림1-18] 혁신과제 정의서_신사업개발

신사업개발 메가의 혁신과제인 '신사업 투자타당성 평가 프로세스 정립과 리스크 대응 매뉴얼 제정'은 타사 사례를 통해 혁신과제 정의서를 도출하였다. '다양한 사업 정보 수집 채널확보와 단계별 표준화된 투자타당성 분석 프로세스 정립, 리스크 유형별 평가기준 및 대응 매뉴얼 수립으로, 2015년까지 사업개발 성공률 향상 과제'를 수행하기 위해 정보채널 유형별 분류로 표준화된 프로세스에 따른 정보 수집 및 문서분류 보관, 상세한 기준에 따른 리스크 평가와 시나리오별 매뉴얼에 따른 리스크 대응 등의 세부방안을 도출한 [그림1-19]의 KPI는 '사업개발 성공률'이다.

(22) 신사업 투자타당성 평가 프로세스 정립과 리스크 대응 매뉴얼 제정					
과제오너	신재생에너지사업개발실장	목표달성 시점	2015년		
정의	다양한 사업정보 수집 채널확보와 단계별 표준화된 투자타당성 분석 프로세스 정립, 리스크 유형별 평가기준 및 대응 매뉴얼 수립으로, 2015년까지 사업개발 성공률 향상 과제임				
목표 달성 방안	■ 정보채널 유형별 분류로 표준화된 프로세스에 따른 정보 수집 및 문서분류 보관				
- KPI -					
KPI		목표 수준			
산출 근거		산출 유형	타사 사례	이론적 절대값	학술 근거	경영층 의지
운영 정의					

[그림1-19] 혁신과제 정의서_신사업개발

1.5.3 To-Be 상세구현 및 시스템 설계

혁신과제 22개에 대한 각각의 과제별 '혁신과제 정의서'를 작성한 후 현재의 모습을 점검하고 To-Be(미래의 모습)를 구체적으로 도출하면서 핵심 이슈를 통해 주요변화사항을 점검하였다.

발전사업 메가의 핵심과제 정의서를 통해 구체화한 핵심과제 목표와 세부점검 방안을 바탕으로, [그림1-20]처럼 현재의 모습을 점검하고 미래의 주요변화 모습을 작성하였다. 발전설비 성능측정은 현재 성능관리를 위한 실시간 측정 Data(출력, 연료량 등)의 신뢰도 부족 및 측정기회 부족으로 정확한 성능측정이 어려웠다. 그러나 향후 Data 온·오프라인 상대비교로 실시간 성능관리의 정밀도 확보를 통해 실시간 측정 Data의 신뢰도 확보 및 성능측정 기회 확대로 상시 정확한 성능측정이 가능한 To-Be를 도출하였다. 또한 성능측정 결과를 활용한 개선기회 도출, 설비개선, 개선효과 분석으로의 활용도가 부진했는데, 향후 PDCA관점의 성능개선 검토 및 시행 프로세스 재정립을 위한 성능측정 계획수립 → 성능측정(온·오프라인 상대비교) → 측정결과 분석·보고 → 개선기회 발굴 → 기술검토 → 개선시행 → 운영 및 사후관리의 모습으로 구체화했다.

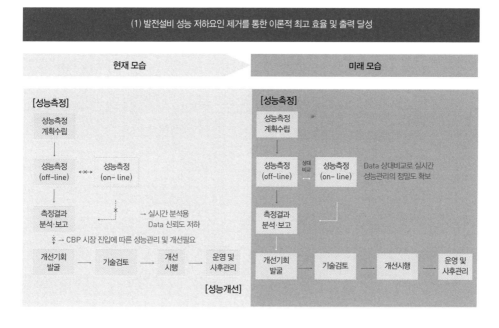

[그림1-20] 주요 변화모습_발전사업

'연료전지 단위 작업별 순작업시간 측정을 통한 낭비요소 발굴 및 개선'을 위해 현재의 생산관리를 점검해본 결과, 생산기준 정보 정립 및 표준화 미흡으로 작업 스케줄링과 명확한 작업지시가 불명확하게 이뤄지고 있었다. 또한 작업자 기억에 의존한 부정확한 수기 기록 등 Data 수집에서도 생산성 측정의 신뢰성이 낮았다. 따라서 개선활동으로 일·시간 단위 작업 스케줄링 및 명확한 작업지시, 조업실행 시스템(작업지시 접수, 생산 진행, 공정 Data 수집 등) 구축을 통한 신뢰성 높은 생산성 측정 및 개선기회 발굴이 가능한 To-Be 상세구현을 [그림1-21]처럼 구성하였다

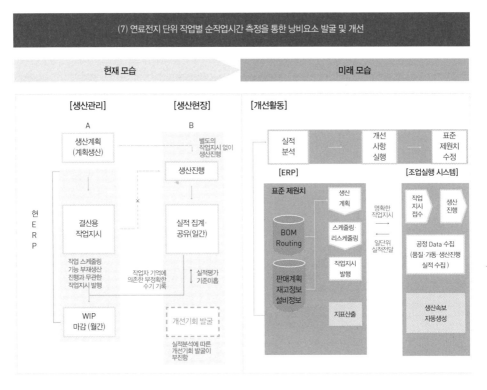

[그림1-21] 주요 변화모습_연료전지사업

재무그룹에서 회계처리에 대한 모든 검증을 하기 때문에 현재의 핵심 이슈인 불필요한 결산 지연이 발생되고 있다는 것을 발견하였다. 그 결과 '월 회계결산 D+1일 완료 체계 구축'을 위한 매월 반복적으로 발생하는 전표의 회계처리 권한을 현업으로 이관하여 재무그룹의 불필요한 검증활동을 제거, 표준원가 도입을 통한 일일 결산체계 및 원가차이분석 시스템 개발을 포함한 To-Be 상세구현을 작성하였다. 그 내용은 [그림1-22]와 같다.

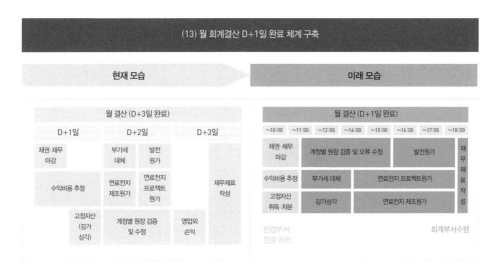

[그림1-22] 주요 변화모습_경영기획 및 지원

'사업화가 전제된 R&D 과제 선정과 개발 단계의 성과 검증 체계 구축'을 위한 To-Be 상세구현은 [그림1-23]과 같다. 현재는 중장기 계획을 기반으로 한 과제 기획 · 선정이 명확하지 않을 뿐만 아니라 사업기여도 및 활용계획이 불투명한 과제선정 사례가 발생하고 있는데, 이러한 현재 핵심 이슈를 통한 주요 변화 사항을 도출하였다. 또한 경제성 중심의 중장기 기술전략 및 과제선정 프로세스 정립, 정례화한 성과검증 체계 구축으로 R&D 책임성 증진 및 손실 최소화, 사업 리스크 해소 및 기술 경쟁력 확보를 위한 특허 프로세스 정립, R&D 성과 증진 및 기간 최소화를 위한 대외 기술협력 프로세스 정립의 주요 변화 사항의 기반을 계획하였다.

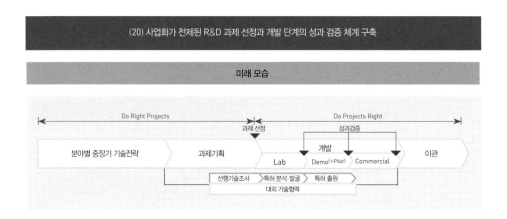

[그림1-23] 주요 변화모습_연구개발

[그림1-24]는 건설부문에 대한 현재의 모습과 미래의 변화를 모습을 보여주고 있다. 건설부문은 사업계획 → 기본설계 → 발주, 계약 → 설계, 제작, 공사관리 → 시운전 → 투자완료의 단계로 주요업무가 진행된다. 이 과정에서 발주방식, 실행예산, 업무표준, 공사관리, 관리프로세스에 대한 문제점이 도출되어 미래 모습에서는 이 부분에 대한 개선안을 마련하였다. 인천 7, 8, 9호기 분리발주 추진결과 투자비 절감 효과는 있었지만, 프로세스 및 표준화 미흡으로 혼선이 발생되었던 사례가 있기 때

문에 발주방식은 부대설비에 대한 분리발주와 고가의 단독 기계장치의 사급 기준을 정리하여 확대 적용하는 것으로 변화를 마련하였다. 또한 기본설계 없이 유사 실적만을 참조함으로써 정확한 예산검증이 불가능했던 부분은 설계내역을 기반으로 한 투자비 산출 및 실행예산을 편성해 공사비에 대한 신뢰성을 확보하고자 했다. 발전설비 설계 시, 기본이 되는 자체 설계 표준이 없었는데 발전설비 설계에 대한 통일성 확보와 기술수준 향상을 위해 설계, 구입기술사양, 제작검사를 위한 상세 업무표준을 만들고자 했다. 공사관리에 있어서도 표준이 없었던 부분에 대해 명확한 업무표준 및 관리방안 정립으로 공사 및 시운전 품질관리를 할 수 있도록 표준화를 만들고자 했다. 따라서 위와 같은 변화를 토대로 발주방식, 실행예산, 업무표준, 공사관리, 관리프로세스의 변화를 통해 '분리발주 확대를 위한 기준 수립과 공사관리 표준화로 건설비 절감'의 변화 모습을 마련하고자 했다.

(21) 분리발주 확대를 위한 기준 수립과 공사관리 표준화로 건설비 절감

건설단계별 주요업무	과제기획	기본설계	발주·계약	설계·제작·공사관리	시운전	투자완료
	▪ 사업발굴 ▪ 개념설계 ▪ 주기기 선정 ▪ 승인용 예산 ▪ 사업타당성분석 ▪ 사업승인	▪ 발주방식 확정 ▪ 기본설계 실시 ▪ 실행예산 산정 ▪ 구입사양 작성 ▪ 착공전 인허가	▪ 구매의뢰 ▪ 견적사양 확정 ▪ 공급사 선정 ▪ 계약사양 확정 ▪ 계약	▪ 착공 ▪ 설계관리 ▪ 제작관리 ▪ 공사중 인허가 ▪ 공사관리	▪ 예비점검 ▪ 단위기기 시운전 ▪ 종합 시운전 ▪ 설비 가인수 운영	▪ 자산이관 ▪ 투자완료 보고 ▪ 건설지 작성

현재 모습

미래 모습

현재 모습:
- 투자의사 결정 (전력수급계획 반영, CEO 지시 등)
- 타당성 검토
- 주기기 사양, 금액 확정 (계약은 이사회 승인 후 체결)
- 내자설비, 공사비 산정
- 임원토론회, 투자심의, 투자협의 (포스코)
- 이사회 승인 (발주방식 선정)
- 구입사양작성 및 발주 (발주방식 선정)
- 견적사양, 계약사양 회의
- EPC계약 (기본설계 포함)
- 착공
- 공사관리
- 준공

미래 모습:
- 투자의사 결정 (전력수급계획 반영, CEO 지시 등)
- 타당성 검토
- 주기기 사양, 금액 확정 (계약은 이사회 승인 후 체결)
- 내자설비, 공사비 산정
- 임원토론회, 투자심의, 투자협의 (포스코)
- 이사회 승인
- 발주방식 확정
- 기본설계 실시
- 실행예산 산정
- 구입사양작성 및 발주
- 견적사양, 계약사양 회의
- EPC계약
- 착공
- 공사관리
- 준공

[그림1-24] 주요 변화모습_신사업개발

신사업개발의 혁신과제인 '신사업 투자타당성 평가 프로세스 정립과 리스크 대응 매뉴얼 제정'에 대한 To-Be 상세구현은 [그림1-25]와 같다. 신사업 투자타당성 평가 프로세스는 사업 기회 수집 → 사업 타당성 검토 → 계약 → 금융 조달로 진행되는데, 각각의 과정에서 현재 모습을 점검해 미래 모습의 세부사항을 도출하였다. 현재는 개인경험과 지식에 의존한 정보수집을 통해 사업 발굴을 진행하는데, 사업 타당성 검토를 위한 업무표준 부재로 인해 여러 가지 문제점이 확인되었다. 따라서 '신사업 투자타당성 평가 프로세스 정립과 리스크 대응 매뉴얼 제정'에 대한 To-Be 상세구현은 정보 채널별로 표준화된 프로세스 운영, 사업유형별로 표준화된 사업 타당성 검토 프로세스 운영, 상세한 기준에 따른 리스크 평가와 시나리오별 매뉴얼에 따른 리스크 대응, 표준화된 사업개발 문서관리체계 운영에 대한 구체화 작업이었다.

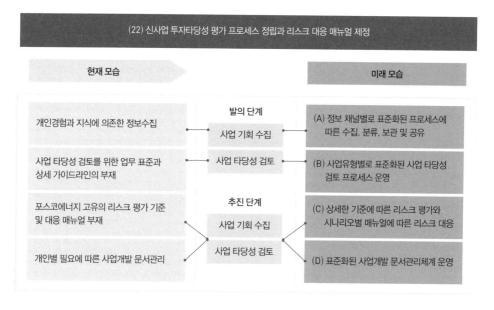

[그림1-25] 주요 변화모습_신사업개발

1.5.4 업무 및 작업표준

전사 프로세스를 To-Be 모습으로 재분류함에 따라 이에 적합한 업무표준과 작업표준을 새롭게 작성하였다. 업무표준은 전사 프로세스를 구성하는 Task를 기준으로 작성하였는데, Task는 프로세스 내에서 동일한 목적을 가지고 최종 산출물을 생성하기 위한 Step들의 연속적인 흐름으로 정의하였다. 또한 Step은 최소 작업단위의 업무 수행 절차 및 방법으로 정의하였다. 정의된 것에 의거하여 업무 표준을 작성하는 데 있어 가장 필요했던 것은 세부 항목을 무엇으로 구분하느냐를 정하는 것과 항목별 작성 방법을 기술하는 것이었다.

Task는 정의, 책임과 권한, 용어의 정의 등은 반드시 작성하도록 하였으며, Step의 경우 정의, 수행내용 및 주기는 반드시 작성하고 수행기준, 고려사항, 첨부자료, 시스템연계 부분은 필요에 따라 작성할 수 있도록 하였다. 아래의 표는 Task 및 Step에 대한 용어를 정의한 것이다.

속성	구분	내용	비고
정의	필수	▪ 해당 Task가 무엇을 의미하는지를 작성(목적, 업무내용, 범위 등 포함) ▪ 목적 및 업무 범위를 포함하는 내용으로 작성	
책임과 권한	필수	▪ 해당 Task 내 각 담당자들의 책임 및 권한에 대해 구체적으로 작성 ▪ 추후 업무의 책임과 권한에 대한 여부를 판단할 때 활용할 수 있음 ▪ 담당자를 추가하여 여러 개를 작성할 수 있음	해당업무별 책임과 권한을 가진 담당은 다 적을 것
실행조건 (시작·완료 조건)	선택	▪ 시작조건: 해당 Task의 업무가 시작하기 전에 반드시 필요한 조건이 있는 경우에 작성 ▪ 완료조건: 해당 Task의 업무가 완료되려면 반드시 따라야 하는 조건이 있는 경우에 작성	시점이 아닌 조건

속성	구분	내용
용어	필수	▪ 해당 Task의 이해와 원활한 수행을 위하여 알아야 할 용어와 약어의 의미 설명 ▪ 일반 상식이거나 전 사항에서 보편적으로 알려진 용어는 생략 가능	

[그림1-26] Task 용어 정의

속성	구분	내용
정의	필수	▪ 해당 Step을 준수하여야 하는 목적을 간략히 작성
수행내용	필수	▪ Step의 업무를 달성하기 위해서 실행되어야 할 세부 업무, 활동을 작성 ※ 신입사원을 위한 Guideline이 되도록 다음을 고려하여 작성한다. 1) 해당 업무 주관담당을 먼저 작성한다. "~담당은…, ~담당 팀은…, ~담당그룹장은…" 2) 언제, 어디서, 무엇을, 어떻게 하는지를 수행 시간 순서로 차례로 작성 3) 문제, 이상이 발생한 경우 어떤 조치를 하여야 하며, 누구에게 어떻게 정보 전달 및 보고를 하는지도 포함
수행기준	선택	▪ Step 업무를 수행함에 있어서 기준이 되는 정보를 작성 ▪ 판담, 검토에 관한 사항인 경우 적합·부적합의 판단 기준이 무엇인지를 작성하거나 표, 그림을 첨부
주기	필수	▪ 해당 Step이 수행되는 특정 시기 또는 주기를 작성 (예: 수시, 발생 시, 매일, 매주, 매월, 매분기, 매반기, 매년 등)
In·Out Attach	선택	▪ Input·Output에 대한 양식 및 참고자료 등을 첨부로 추가하여 바로 확인 가능 ▪ 첨부파일은 ECM에 등록된 파일만 가능함
고려사항	선택	▪ 업무 관점에서 참고할 사항 중 수행내용들을 좀더 효과적, 효율적으로 진행하는 데 도움이 될만한 사항들: 본 업무를 이전에 경험한 직원의 Lessons Learned 성격(개선기회)
Application· ERP	선택	▪ ERP, Legacy System, Web URL 등으로 타 시스템의 연계가 필요한 경우 해당 부분에 주소를 연동하여 바로 연결될 수 있도록 함 ▪ ERP의 경우 T-code를 추가하여 연동 가능

[그림1-27] Step 용어 정의

업무표준의 경우 모든 직원이 최소한의 성과를 내기 위해 반드시 알아야할 부분을 작성하였으며 표준관리 시스템을 통해 전산화 하여 실제 시스템과 연계되는 부분은 링크로 연결하였다. 이를 통해 업무와 표준이 따로 존재하는 것이 아닌 표준을 보면서 업무 수행이 가능하게 하였으며, 개선된 업무가 곧바로 표준에 반영될 수 있도록 하였다.

작업표준의 경우도 To-Be 설계에 맞추어 전체 분류를 다시 나누어 작성하였다. 작업표준은 운전, 정비, 조립, 검사로 크게 4개의 카테고리로 분류하였으며 작업현장에서 쉽게 볼 수 있도록 가로 형식으로 작성하였다.

작업표준의 내용을 살펴보면 작업목적, 요소작업명, 제원작업소요시간 등을 기본으로 명시하였으며, 중점관리사항으로 품질, 환경, 안전에 대한 부분을 기술하였다. 또한 작업준비사항으로 작업전 조치, 안전보호구, 소요공기구를 명시하였다.

요소작업별 상세설명도 기술하였는데 작업내용, 작업방법, 관리기준, 안전·환경사항을 상세히 기록하였다. 특히 이상 발생 시 조치 사항을 기술하여 표준에 따라 수행하는 것이 문제를 해결하는 가장 빠른 방법이 될 수 있게 하였다. 나아가 작업현장의 사진을 첨부 할 수 있도록 하여 작업표준을 보면서 작업수행을 원활히 할 수 있도록 하였다.

업무표준명	작업표준명
생산계획관리	**발전부 정비작업표준**
– 연도 및 분기생산계획 수립	– N2 Compressor 점검
– 월생산계획 수립	– EP Feed Water Pump Motor 점검 수리
– 상세일정계획 수립	– Blow Down Sump Pump Motor 점검 수리
– 재작업 실행	– N2 Compressor Motor 점검 수리
– 단품추가생산 실행	– Boiler Feed Water Pump Motor 점검 수리
– 생산작업능력인증관리	– Condenser Vacuum Pump Motor 점검 수리
– 교대근무자 교육	– Air Compressor Pressure Transmiter 점검 수리
– 작업지시	– Turning Motor 점검 수리
– 용역관리	– Gas Cooling Water Pump Motor 점검 수리
– 작업실적관리	– Air Compressor Motor 점검 수리

1.6 구현계획 수립

혁신과제의 목표달성을 구현하기 위해서는 인력 투입 등에 대한 세부방안을 마련해야 한다. 예를 들어 '발전설비 성능 저하요인 제거를 통한 이론적 최고 효율 및 출력 달성'의 혁신과제를 구현하기 위한 방안으로는 성능측정 기준 재정립, 성능 Data 신뢰도 확보 등의 목표달성방안을 마련하고, 이것을 실행하기 위한 세부방안을 구체화해서 구현계획을 세우는 것이다. 이 과정은 주관부서를 선정해서 진행한다. 각각의 혁신과제를 구현하기 위한 방안의 업무 프로세스를 가장 잘 알고 있는 사람이 세부계획을 세워야 효과적인 업무 프로세스를 시스템화할 수 있기 때문이다.

각각의 혁신과제에 대한 구현계획 수립은 시스템적 사고를 기반으로 한 세부방안 도출이 필요한데, 이것은 향후 진행하게 될 구축을 위한 준비이다.

1.6.1 혁신과제별 세부과제 선정 및 세부과제 목표 설정

발전사업 메가의 혁신과제인 '발전설비 성능 저하요인 제거를 통한 이론적 최고 효율 및 출력 달성'의 목표달성을 위한 구현방안을 성능측정 기준 재정립, 성능 Data 신뢰도 확보, PDCA 관점의 성능개선 검토 및 시행 프로세스 재정립, 전사 성능관리를 위한 전문 지원 체제 운영으로 분류하고, 기술부가 주관부서가 되어 진행할 수 있도록 [그림1-28]과 같은 세부 구현방안을 구체적으로 수립하였다.

(1) 발전설비 성능 저하요인 제거를 통한 이론적 최고 효율 및 출력 달성			
	목표달성방안	세부 구현방안	주관부서
1-A	성능측정 기준 재정립	성능측정 기준 재정립	기술부
1-B	성능데이터 신뢰도 확보	신규 설치 필요 개소 확인 및 설치	기술부
1-C	PDCA 관점의 성능개선 검토 및 시행 프로세스 재정립	성능저하 원인 분석 및 개선기회 발굴	기술부
1-D	전사 성능관리를 위한 전문 지원 체제 운영	성능 모니터링 시스템구현 방안 검토 및 실행	기술부

[그림1-28] 세부 구현방안_발전사업

'연료전지 단위 작업별 순작업시간 측정을 통한 낭비요소 발굴 및 개선'은 연료전지사업 메가의 핵심과제로서, 이 과제를 수행하기 위해 생산부가 주관부서가 되어 일·시간 단위 작업 스케줄링 및 작업지시, 조업실행 시스템 구축을 통한 신뢰성 높은 생산성 측정 및 개선기회 발굴의 목표달성방안을 계획하였다.

(7) 연료전지 단위 작업별 순작업시간 측정을 통한 낭비요소 발굴 및 개선		
목표달성방안	**세부 구현방안**	**주관부서**
7-A 일·시간 단위 작업 스케줄링 및 작업지시	BOM(자재명세서)·Routing 재검토 보완	생산부
7-B 조업실행 시스템 구축을 통한 신뢰성 높은 생산성 측정 및 개선기회 발굴	현장 조업지표 산출기준 수립	생산부

[그림1-29] 세부 구현방안_연료전지사업

재무그룹이 주관부서가 되어 경영기획 및 재무의 혁신과제인 '월 회계결산 D+1일 완료 체계 구축'의 목표달성방안으로 현업 완결형 회계처리 체계 운영, 표준원가 도입으로 일일 결산 및 원가차이 분석 향상과 세부 구현방안을 수립하였다.

(13) 월 회계결산 D+1일 완료 체계 구축		
목표달성방안	**세부 구현방안**	**주관부서**
13-1 현업 완결형 회계 처리 체계 운영	회계·현업 부서의 회계처리 대상 업무 분류 및 선정	재무그룹
13-2 표준원가 도입으로 일일 결산 및 원가차이 분석 향상	발전, 연료전지 사업 특성에 맞는 표준원가 산정 방안 수립	재무그룹

[그림1-30] 세부 구현방안_경영기획 및 재무

연구개발 메가의 혁신과제인 '사업화가 전제된 R&D 과제 선정과 개발 단계의 성과 검증 체계 구축'을 위한 목표달성방안은 경제성 중심의 중장기 기술 전략 및 과제선정 프로세스 정립, 정례화한 성과검증 체계 구축으로 R&D 책임성 증진 및 손실 최소화, 사업 리스크 해소 및 기술 경쟁력 확보를 위한 특허 프로세스 보완, R&D 성과 증진 및 기간 최소화를 위한 대외 기술협력 프로세스 정립으로 구체화했다. 기술기획그룹이 주관부서가 되어 진행할 수 있도록 했는데, 정례화환 성과검증 체계 구축으로 R&D 책임성 증진 및 손실 최소화 단계에서는 기술기획그룹 중 연료전지·그린에너지 연구소가 담당을 맡았다.

(20) 사업화가 전제된 R&D 과제 선정과 개발 단계의 성과 검증 체계 구축		
목표달성방안	세부 구현방안	주관부서
20-A	Biz.(경제성) 중심의 중장기 기술 전략 및 과제 선정 프로세스 정립	중장기 기술개발 로드맵 프로세스 구축으로 단발성 과제 선정 지양	기술기획그룹
20-B	정례화한 성과검증 체계 구축으로 R&D 책임성 증진 및 손실 최소화	개발단계별 성과 산출물 정의 ※ 개발단계 : Lab, Demo, Commercial	기술기획그룹 (연료전지, 그린에너지 연구소)
20-C	사업 Risk 해소 및 기술 경쟁력 확보를 위한 특허 프로세스 보완	단계별(분석-발굴-출원) 특허 업무 표준화	기술기획그룹
20-D	R&D 성과 증진 및 기간 최소화를 위한 대외 기술협력 프로세스 정립	최적의 기술협력 대상 선정 프로세스 정립	기술기획그룹

[그림1-31] 세부 구현방안_연구개발

'분리발주 확대를 위한 기준 수립과 공사관리 표준화로 건설비 절감'을 위한 혁신 과제는 부대설비에 대한 분리발주와 고가의 단독 기계장치의 사급기준을 정립하여 확대 적용, 설계내역을 기반으로 한 투자비 산출 및 실행예산 편성, 설계·구입기술사양·제작검사를 위한 상세 업무표준 운영, 명확한 업무표준과 관리방안 정립으로 공사 및 시운전 품질관리, 모든 건설 프로젝트의 비용, 공정, 제작, 설계, 도면을 표준화된 Rule에 따라 관리의 목표달성방안으로 세분화하였다. 전체적인 주관부서는 건설기술그룹이지만, 명확한 업무표준과 관리방안 정립으로 공사 및 시운전 품질관리는 인천건설그룹에서 주관하도록 했다.

(21) 분리발주 확대를 위한 기준 수립과 공사관리 표준화로 건설비 절감			
	목표달성방안	세부 구현방안	주관부서
21-A	부대설비에 대한 분리발주와 고가의 단독 기계장치의 사급 기준을 정립하여 확대 적용	발전 유형별 분리발주 적용 기준 수립 및 대상 선정	건설기술그룹
21-B	설계내역을 기반으로 한 투자비 산출 및 실행예산 편성	실행예산 수립 프로세스 개선	건설기술그룹
21-C	설계, 구입기술사양, 제작검사를 위한 상세 업무표준 운영	발전설비 기본 및 상세설계 시 기준이 되는 설계표준 작성	건설기술그룹
21-D	명확한 업무표준과 관리방안 정립으로 공사 및 시운전 품질 관리	시공관리, 인허가, 시운전분야의 사업일반 업무 수행 프로세스 정립	인천건설그룹
21-E	모든 건설 프로젝트의 비용, 공정, 제작, 설계, 도면을 표준화된 Rule에 따라 관리	개별 프로젝트에 대한 통합된 건설사업 관리 기준 정립	건설기획그룹

[그림1-32] 세부 구현방안_신사업개발

신사업개발 메가의 혁신과제인 '신사업 투자타당성 평가 프로세스 정립과 리스크 대응 매뉴얼 제정'의 목표달성방안과 세부 구현방안을 전 부서가 참여하여 작성할 수 있도록 주관부서를 배분하였다. 정보채널 유형별 분류로 표준화된 프로세스에 따른 정보 수집 및 문서분류 보관(주관부서: 자원개발그룹), 사업유형별 표준화된 사업 타당성 검토 프로세스 운영(주관부서: 녹색사업그룹), 상세한 기준에 따른 리스크 평가 와 시나리오별 매뉴얼에 따른 리스크 대응(주관부서: 자원순환사업그룹), 사업개발 과 정에서 발생하는 문서는 표준화된 틀에 따라 보관하고 공유(주관부서: 발전사업그룹) 의 목표달성방안을 표출하였다.

(22) 신사업 투자타당성 평가 프로세스 정립과 리스크 대응 매뉴얼 제정			
	목표달성방안	세부 구현방안	주관부서
22-A	정보채널 유형별 분류로 표준화된 프로세스에 따른 정보 수집 및 문서분류 보관	사업정보채널 유형분류 및 정의	자원개발그룹
22-B	사업유형별 표준화된 사업타당성 검토 프로세스 운영	발전원별 타당성검토(Full-F.S) 매뉴얼 수립	녹색사업그룹
22-C	상세한 기준에 따른 리스크 평가와 시나리오별 매뉴얼에 따른 리스크 대응	투자사업 리스크 분류	자원순환사업그룹
22-D	사업개발 과정에서 발생하는 문서는 표준화된 틀에 따라 보관하고 공유	표준화된 문서분류 체계 수립	발전사업그룹

[그림1-33] 세부 구현방안_신사업개발

앞에서는 22개 혁신과제 중 몇몇 세부 구현방안에 대해서 설명하였는데, 포스코 에너지는 개선해야 할 과제들 중 바로 구현방안을 마련할 수 있는 Quick Win 과제 도 도출하였다. 예를 들면 발전사업 메가에서는 '환경규제 개정 및 제안 이력에 대 한 체계적인 Data 관리'의 Quick Win 과제가 제기되었고, 이것은 주관부서인 전력 정책그룹에서 '환경규제 개정 및 제안 이력 관리율'에 대한 측정지표 마련을 통해 해결하였다. 또한 경영기획 및 지원메가에서의 Quick Win 과제인 '예산사용의 편의성 제공을 위한 현업부서 실제 예산 잔액조회 시스템 개선'은 경영기획그룹에서 '일정준수율' 측정지표를 통해 개선안을 도출하였다.

1.6.2 프로젝트 효과 분석

프로젝트를 통한 향후 5년간의 기대효과는 약 1,670억 원이 예상된다. 기대효과는 22개 혁신과제에 대한 매출 및 생산성 증대, 비용절감, 인원절감이 포함된 것으로 [그림1-34]에서 그 내용을 확인할 수 있다.

'사업화가 전제된 R&D 과제 선정과 개발 성과검증 체계 구축'과 '신사업 투자타당성 평가 프로세스 정립과 리스크 대응 매뉴얼 제정'을 통해 매출증대 효과를 기대해 볼 수 있다.

'설치 시공비 · 건설비 · 연료전지 서비스'와 '정비 · 유틸리티 비용'을 통해서는 비용절감 효과가 예상된다. 프로젝트를 통해 비용절감 효과를 볼 수 있는 방법은 업무 표준화 및 프로세스 재정립인데, 이 방법은 프로젝트 효과를 극대화할 수 있는 부분이며 프로젝트를 수행하게 된 목적을 가장 잘 보여주는 부분이기도 하다.

특히 혁신과제 2번인 '발전설비 돌발정지 최소화와 계획수리 최적화를 통한 가동률 증대'에 대한 기대효과는 생산성 증대와 비용절감이 모두 가능한 혁신과제였다.

전략과제	매출 및 생산성 증대	비용 절감	인원 절감 효과	소계
1. 발전설비 성능저하 요인 제거를 통한 이론적 최고 효율 및 출력 달성	-	-	-	-
2. 발전설비 돌발정지 최소화와 계획수리 최적화를 통한 가용률 증대	-	-	-	-
3. 전력생산에 투입되는 유틸리티의 낭비요소 제거로 발전 원가 절감	-	-	-	-
4. 정비작업 최적 수행을 위한 발전설비 기준정보 표준화와 설비관리	-	-	-	-
5. 전력판매 프로세스 개선 및 전력시장 규칙개정을 통한 수익 증대	-	-	-	-
6. 온실가스 규제 준수를 위한 저감설비 투자와 배출권 거래 프로세스	-	-	-	-
7. 연료전지 단위 작업별 순작업시간 측정을 통한 낭비요소 발굴 및 개선	-	-	-	-
8. 고장 사전예측 및 서비스 업무 표준화를 통한 신속한 고객대응으로 연료전지 이용률 증대	-	-	-	-
9. 연료전지 특성에 맞는 수주-판매-생산계획 수립 및 스케줄링 프로세스 정립	-	-	-	-
10. 연료전지 설치시공 프로세스 재정립과 종합건설 면허 취득으로 설치시공 이익 증대	-	-	-	-
11. 연료전지 품질 검사표준 정립으로 원자재 및 제품 품질 확보	-	-	-	-
12. 정비작업 최적 수행을 위한 연료전지생산설비 기준정보 표준화와 설비관리 시스템 구축	-	-	-	-
13. 월 회계결산 D+1일 완료 체계 구축	-	-	-	-
14. 임직원이 필요한 정보를 언제, 어디서라도 즉시 제공하기 위한 경영정보 시스템 구축	-	-	-	-
15. 구매 품목유형 재분류 및 최적 구매방법 선정을 통한 구매 원가 절감	-	-	-	-
16. 자재 운영 단위 표준화 및 자재 유형별 최적 재고 관리로 재고금액 절감	-	-	-	-
19. One-Stop Service 를 제공할 수 있는 총무 지원 체계 구축	-	-	-	-
20. 사업화가 전제된 R&D 과제 선정과 개발 성과검증 체계 구축	-	-	-	-
21. 분리발주 확대와 공사관리 표준화로 건설비 절감	-	-	-	-
22. 신사업 투자타당성 평가 프로세스 정립과 리스크 대응 매뉴얼 제정	-	-	-	-
합계	305.5	1,335.50	28.5	1669.5

(단위: 억 원. 2015년 기준 향후 5년간 효과 분석)

[그림1-34] 프로젝트 효과 분석표

1.7 ERP Package 선정

ERP는 전산화 수단이 아닌 경영혁신의 도구이다. ERP 시스템을 구축하는 가장 큰 이유는 기존 업무 및 조직을 혁신하여 기업경쟁력을 강화시키는 것이다.

ERP 시스템을 구축해가는 과정에는 기존의 방식과는 전혀 다른 변화와 혁신이 요구된다. ERP 시스템의 구축은 점진적인 개선이 아닌 전면적인 변화를 꾀하는 것으로서, 모든 것을 혁신하는 것이다. 따라서 ERP 시스템의 도입에 따라 조직, 업무 처리 방법 및 절차, 회사 비전 등 전사적인 변화가 동반된다.

ERP Package 선정단계에서 가장 중요한 것은 조직의 크기와 업종 그리고 현재 직면한 상황에 가장 적합한 ERP를 선택하는 것이다. ERP에 대한 최종 의사결정이 이루어지기 전에 발주사인 포스코에너지는 도입대상이 되는 벤더사 각각의 ERP에 대한 충분한 정보를 수집하는 과정을 수행해야 했다. 이러한 조사분석 과정은 시장 조사, 레퍼런스 사이트 방문, 프로젝트 Demo 시연, 구축방법론 협의, 요구사항 분석 등으로 진행되었다.

따라서 제안요청 대상자로 선정된 곳에서는 포스코에너지의 To-Be 상세구현을 시스템적으로 가장 잘 구현할 수 있는 제안서를 작성한 후, 제안 설명회 및 시스템 Demo 시연을 진행하였다.

1.7.1 ERP Package 선정 목적

전사적 자원관리시스템인 ERP의 구축은 정보를 통합하여 기업 내에 존재하는 모든 자원을 최적화시키는 것을 목적으로 한다. 즉, 기능 중심에서 프로세스 중심으로 정보시스템을 변환하여 업무의 효율성을 극대화하는 것이다.

ERP는 경영기법과 정보기술의 향상과 더불어 같이 발전해나갔는데, 그 근본은 제조업체의 핵심인 생산부분의 효율적인 관리를 위한 MRP(Material Requirement Planning: 자재량 소요계획)에서 시작했다. 그러나 1970년도에 등장한 MRP는 기업에서 재고를 줄일 수 있는 방법으로 도입된 단순한 자재수급관리를 위한 시스템이었으며, 1980년도에 등장한 MRPⅡ(Manufacturing Resource Planning: 제조자원계획) 또한 자재를 포함한 생산에 필요한 자원을 효율적으로 관리하기 위한 것에 불과했다. 이에 반해 ERP는 시스템 구성과 사용자 편의성 측면에서 기존 MRP, MRPⅡ의 단점인 비유연성을 최소화시킨 시스템으로, 기술적인 측면으로 보자면 분산 Data 처리, 개방형 구조 등을 받아들임으로써 분산화, 개방화를 실현한 시스템이다. 즉, ERP는 생산뿐만 아니라 영업, 구매, 회계, 총무 등 회사 내 모든 연관부서의 업무를 동시에 고려하지 않으면 기업이 원하는 정확하고 정밀한 업무가 이루어지지 않는다는 구성원의 합의에 따라 탄생하게 된 것이다.

ERP의 가장 큰 장점은 통합데이터베이스 구축을 통해 전체 구성원이 모든 업무를 실시간으로 공유하여 활용한다는 것이다. 다시 말해, 인적 · 물적 자원의 최적관리를 시스템을 통해 처리함으로써 최소의 Input으로 최대의 Output을 달성하기 위한 체제로의 전환인 것이다.

기업은 ERP 시스템 구축을 위해 Package를 선정하게 되는데, 다양한 산업 내의 ERP 벤더들이 구축한 Best Practice를 살펴보고, 종합적 평가를 통해 자사에 최적화된 ERP 시스템 도입을 결정하게 된다. D사나 E사와 같은 대형 ERP 벤더들은 내부적으로 수많은 ERP 시스템 구축 관련 Best Practice를 보유하고 있다.

양적 · 질적인 변화를 불러일으키는 성공적인 ERP 시스템 구축을 위해서는 실제 업무 현장에서 일하는 담당자부터 ERP 추진반, 최고경영진에 이르는 모든 구성원의 참여가 필요하다. 특히, 최고경영진의 참여는 ERP 구축작업이 기업의 최종 목적인 지속적인 이익실현을 달성하기 위해 꼭 필요한 것임을 설명함과 동시에 강력한 동기부여를 형성하는 데 있어 매우 중요한 영향을 미치게 된다.

1.7.2 선정 준비 및 기본 방침 설정

일반적으로 기업에서는 정보시스템을 장기간 활용한다. 특히 ERP 시스템의 경우 그런 성격이 더욱 강하다. 기업은 정보시스템을 활용하면서 다양한 기회를 통해 신규 정보시스템의 필요성을 식별하고, 여러 과정들을 거치며 구체적인 시스템 활용의 필요성을 인식한다. 새로운 시스템 도입 필요성 인식을 시작으로 기업의 ERP 시스템 도입을 위한 전체 과정을 계획해볼 수 있는데, 그 과정은 시스템 도입 계획, 구현, 유지보수, 업그레이드 및 시스템 교체로 이루어진다.

당시 포스코에너지는 자사를 비롯한 전체 패밀리사에서 사용하고 있는 ERP를 그대로 사용할지의 여부를 결정하기 위해 모든 가능성을 열어두고 ERP Package 선정을 검토하였다. 왜냐하면 Master Plan 단계에서 도출된 포스코에너지 To-Be 상세구현을 시스템으로 가장 최적화할 수 있는 ERP Package를 선택해야 했기 때문이다.

포스코에너지는 업무 특성에 적합한 ERP Package를 선정하고, 그 시스템을 성공적으로 구축하기 위한 다양한 성공요인을 효과적으로 관리하며, 구축 후에는 조기에 시스템을 안정적으로 가동시켜야 한다. 나아가 기업 내외에 걸쳐있는 업무 프로세스를 통합하고 연계하는 점을 고려해 ERP Package를 제로에서부터 검토하며, 시스템을 선정해야 한다.

[그림1-35]의 ERP Package 선정 추진 일정은 RFP 발송 및 제안서 접수 → 제안 설명회 및 Demo 실시 → 평가결과 종합 → 최종업체 선정 → ERP 교육 실시로 진행되었다.

구분	비고
RFP 배포	e-mail을 통하여 배포 예정
Data Room Open	포스코센터 비지니스홀 216호
RFP 관련 Q&A Session	업체별 질의서를 문서로 제출(4/11)
제안서 접수	제안서(5부) 및 제안서 요약본(5부)를 제본하여 제출
제안 설명회 및 System Demo	1. 제출한 제안 요약서를 함축하여 기능 및 Demo 중심으로 구성 2. 당사가 지정한 장소에서 제안 설명회 및 System Demo 실시 3. 업체별 일자는 별도 통보 예정
우선 협상 대상자 선정	

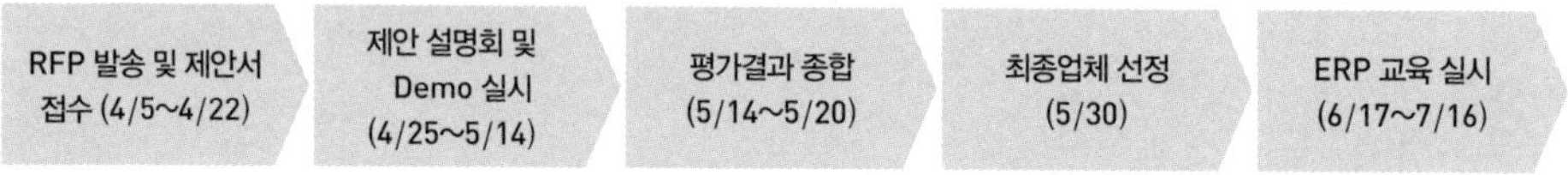

RFP 발송 및 제안서 접수 (4/5~4/22) → 제안 설명회 및 Demo 실시 (4/25~5/14) → 평가결과 종합 (5/14~5/20) → 최종업체 선정 (5/30) → ERP 교육 실시 (6/17~7/16)

[그림1-35] ERP Package 선정 추진일정

1.7.3 제안요청 대상사 선정

ERP 시스템은 전사의 업무를 통합적으로 지원하지만, 워낙 거대한 시스템을 Package화했기 때문에 조금씩 다른 면이 있고, 업종에 따라 특화된 경우도 있다.

ERP 벤더 1위인 D사는 기업에서 이용하는 시스템, 응용 프로그램, Data 프로세싱 솔루션 등을 구현한다. D사는 기업용 어플리케이션으로 통합된 단일 모듈을 기반으로 하는 특성이 있고, 다양하고 풍부한 산업별 레퍼런스를 갖고 있다. 또한 ERP

자체의 표준 프로세스 덕분에 통합성(Intergration)을 가진다는 장점이 있다.

세계 2위 ERP 시스템 개발업체인 E사는 데이터베이스 분야에서 전문성을 가지고 있는 IT기업이다. E사는 DB로부터 출발된 곳으로, Component 모듈을 기반으로 한다. 그리고 다양한 Cloud, BI 등 외부 솔루션의 연계성이 좋고, 독립 모듈별 Extension이 용이해 유연성(Flexibility)을 가진다는 게 장점이다.

위의 사항들을 고려해 포스코에너지는 글로벌마켓 1, 2위 업체인 D사와 E사를 제안요청 대상자로 선정하였다.

1.7.4 평가 기준 설정

포스코에너지의 ERP Package 선정은 2013년 4월부터 6월까지 총 3개월에 걸쳐 진행되었다. 제안요청 대상자로 선정된 D사와 E사에 ERP Package 선정 RFP 발송 및 제안서 접수를 시작하였고, 제안 설명회 및 Demo를 실시하였다. 제안 설명회 및 Demo 구현은 발전사업, 연료전지사업, 연구개발, 신사업개발, 경영기획 및 지원 분야로 나눠 실시하였다. [그림1-36]은 ERP Package 평가일정이다.

Session	Session 내용	일자	시간	회의실
Overview Session	제안서 요약 발표 및 Q&A 1) ERP Package 특장점 2) To-Be Solution 제안 개요 등	4/25	09:00~12:00 14:00~17:00	서울 7층 영상회의실 (인천, 포항, 광양 영상회의)
부문별 System Demo Session	혁신과제 달성 지원 및 ERP Module 평가(관통테스트 시나리오 포함)			
	(1) 발전	5/7 5/8	10:00~16:00 10:00~16:00	인천 미래관 5층 대회의실 (광양, 서울 영상회의)
	(2) 연료전지	5/9 5/10	10:00~16:00 10:00~16:00	포항 대회의실 (서울, 인천 영상회의)
	(3) 경영기획(재무, 원가, EIS, 경영계획)	5/2 5/3	10:00~16:00 10:00~16:00	서울 7층 영상회의실 (인천, 포항 영상회의)
	(4) 경영지원(인사, 구매)	5/6	09:00~12:00 13:00~16:00	
	(5) 신사업개발 및 건설관리	4/29	09:00~12:00 13:00~16:00	
	(6) 연구개발	4/30	09:00~12:00 15:00~18:00	인천 미래관 5층 (서울, 포항 영상회의) ※ 이사회 일정 반영

[그림1-36] ERP Package 평가일정

평가 항목은 기능, IT요소, 지원요소, 가격으로 구분하였다. 기능 분야에서는 시스템적 사고가 있는 과장급 이상 업무 전문가(현업 및 추진반 평가위원) 77명을 엄선하여 평가하였다. 평가 척도는 5점으로 구분(5: 완전충족, 4: 일부 기능 향상 필요, 3: 소규모 개발 필요, 2: 중대규모 개발 필요, 1: 지원되지 않음)하여 [그림1-37] ERP Package 선정 배점기준에 맞추어 평가하였다.

평가자는 제안서를 미리 숙지한 뒤 본인이 참여해야 할 Session(Overview 및 부문별 시스템 Demo Session)을 확인하고, 반드시 해당 Session에 참여하도록 했다. 만약 불가피하게 불참할 경우에는 차상위자가 대체 평가자로 참여하였다. 평가자는 Session별 모든 Checklist 항목이 아닌, 본인에게 지정된 Checklist 항목에 대해서만 평가를 실시하도록 했고, 평가 당일에 D사와 E사 Session에 모두 참여한 이후 배포된 평가표에 객관적으로 평가할 수 있도록 했다.

[ERP Package 선정 평가 Checklist]

– Demo Session –

> 평가자의 소속 부서 및 성명을 기록

부서	oo그룹
성명	ooo

평가항목(대분류)	평가항목(중분류)	평가항목(소분류)	Checklist	D사	E사

- 평가 당일 출력물로 배포할 예정인 평가 Checklist는 아래와 같은 기준에 따라 작성
- Session 및 제안서 내용을 바탕으로 Checklist 항목별로 1 ~ 5점을 부여:

5점 : 해당 요구사항이 "완전히 지원될 뿐 아니라, 추가 기능 구현이 가능함"
4점 : 해당 요구사항이 "완전히 충족됨"
3점 : 해당 요구사항이 "대부분 지원되며, 소규모 기능 개선이 필요함"
2점 : 해당 요구사항은 "대부분 지원되지 않으며, 대규모 기능 개선이 필요함"
1점 : 해당 요구사항이 "전혀 지원되지 않음"

[그림1-37] ERP Package 선정 배점기준

1.7.5 제안 설명회 및 Demo

Demo 구현은 발전사업, 연료전지사업, 연구개발, 신사업개발, 경영기획 및 지원 분야로 나눠 실시하였다. 예를 들어 발전사업 부분의 경우 Demo 시나리오를 전력 판매 계획수립, 전력거래입찰, 전력생산, 설비관리, 전력거래 정산에 대한 프로세스로 구성하였고, Demo 시나리오에 대한 상세 Checklist는 [그림1-38]처럼 설비관리, 성능관리, 원단위관리, 배출권 거래제도 의무 이행 항목으로 분류하였다. 따라서 평가자는 Checklist 항목의 내용을 중심으로 평가를 실시하였다.

평가자는 D사와 E사의 각 사업부분의 Demo Session 시간에 참석하여 양사를 세밀하게 분석하고, 포스코에너지의 To-Be 상세구현을 시스템으로 최적화할 수 있는 곳이 어디인지 Checklist를 중심으로 평가하였다. 뿐만 아니라 평가 Checklist에 표시한 항목이 제안서나 Session에서 언급되지 않은 경우, 평가자는 반드시 Session 중에 질문하고 내용을 확인한 후 평가하도록 했다. 또한 제안요청 내용이 누락되었거나 제안 내용 보강이 필요하다고 판단되면 제안요청 대상자에게 추가 내용을 받아 평가하였다.

[ERP Package 선정 평가 Checklist]

– Demo Session –

부서	oo그룹
성명	ooo

배점 기준   5 : 완전충족, 4 : 일부 기능 향상 필요, 3 : 소규모 개발 필요, 2 : 중대규모 개발 필요, 1 : 지원안됨

평가항목 (대분류)	평가항목 (중분류)	평가항목 (소분류)	Checklist	D사	E사
기능평가	발전	설비관리	설비분류체계		
			BOM		
			자료(도면, 기술문서) 연계		
			작업 요청 및 오더		
			대수리 일정·작업 관리(PM마스터, 작업표준과의 연계)		
			예방정비 관리(PM마스터, 작업표준과의 연계)		
			설비진단 PM·이력 관리(PM마스터, 작업표준과의 연계)		
			수리순환품		
			계측기 검교정		
			정비분석(비용 및 이력)		
			구매, 자재, 자산 연계		
		성능관리	발전설비 성능(출력, 효율) Data 취득 및 관리		
			성능 측정 계측기 관리 설비관리 시스템 연계		
			기준 대비 실시간 실적 성능 추이 분석을 위한 모니터링		
			전사 통합 성능관리 기능		
		원단위관리	발전설비 유틸리티 원단위(연료, 소내소비, 상수, 보조 증기 등) Data 취득 및 관리		
			원단위 측정 계측기 관리 설비관리 시스템 연계		
			표준 대비 실시간 원단위 실적 추이 분석을 위한 모니터링		
		배출권 거래제도 의무 이행	온실가스 배출량 모니터링 및 예측 시스템		
			온실가스 배출권 거래 기능		
			온실가스 배출량 저감활동 이력관리		
			RPS 의무 이행 관리		
			REC 거래 기능		

[그림1-38] ERP Package 선정평가

1.7.6 ERP Package 평가 및 선정

제안요청 대상자의 제안 설명과 Demo Session 구현을 듣고 난 뒤 [그림1-39]와 같은 항목을 중심으로 최종 평가를 하였다. ERP Package 평가는 기능 평가(50점), 기술요소 평가(10점), 제안업체 및 지원방안 평가(10점), 가격 평가(30점)의 세분화된 기준으로 진행하였다. 가장 높은 배점인 기능 평가는 포스코에너지의 To-Be 상세구현을 직접 실행하고, 향후 그 내용을 바탕으로 구축된 시스템을 사용하게 될 현업에서 진행하였다.

ERP Package에 대한 기능, 기술요소, 지원방안 및 가격을 종합 평가한 결과, D사가 E사보다 포스코에너지가 구현하고자 하는 비즈니스 모델을 충족할 수 있는 시스템이라고 판단되었다. 이후 평가 결과를 종합해 D사를 최종 업체로 선정하였고, 선정 후에는 한 달간 직원들에게 ERP 교육을 실시하였다.

현업을 대상으로 한 ERP 교육은 새롭게 도입될 D사의 시스템 이해도를 향상시키고, 이후 진행되는 구축을 위한 상세설계가 잘 실행될 수 있도록 하기 위해 실시한 것이다.

평가항목_대분류	평가항목_중분류	배점	비고
I. 기능 평가		50	
	1. 혁신과제 달성 지원방안		ERP Standard 기능 적용율, 사용 편의성, 유지보수 용이성
	– (1) 발전	14	
	– (2) 연료전지	14	
	– (3) 경영기획 및 지원	14	
	– (4) 연구개발 및 신사업개발	8	
II. 기술요소 평가		10	
	1. Global Single Instance 지원방안	2	
	2. 타 시스템과의 Interface 방안	2	
	3. Data Migration 방안 (Transaction Data 포함)	2	
	4. Mobile 기술 지원방안	2	
	5. 정보보안 지원방안	2	
III. 제안업체 및 지원방안 평가		10	
	1. 국내외 동종·유사업체에 대한 프로젝트 실적	2	
	2. 교육지원 방안	3	
	3. 유지보수 방안	2	
	4. 기술지원 방안	2	
	5. 업그레이드 계획 및 지원 방안	1	
IV. 가격 평가		30	
	1. Package 도입 관련 총 비용	20	License 구매, 소프트웨어, 교육 등 포함
	2. 총 유지보수 비용 (향후 10년)	10	License 도입에 따른 Vendor 유지보수 요율 적용

[그림1-39] 항목별 배점표

2

Chapter

|

통합시스템 구축 단계

새로운 ERP 시스템을 구축하는 것은 기업의 업무 프로세스와 시스템 개선이라는 목적을 달성하는 과정이다. ERP 시스템은 각기 흩어져 있던 업무를 통합시켜 모든 업무를 유기적으로 연결한다. 유기적으로 연결된 업무는 프로세스 표준화를 통해 구현되며, 효율이 극대화된 업무는 기업의 성과를 예측할 수 있는 능력으로 이어져, 앞으로 다가올 경영환경의 변화에 대비할 수 있게 해준다. 이런 의미에서 ERP 시스템 구축은 포스코에너지 PI 3.0 프로젝트의 중요한 과제인 것이다.

통합시스템 구축 단계에서는 Master Plan 단계에서 도출된 혁신과제를 Review한 후, 시스템을 어떻게 구현할 것인지에 대한 To-Be 상세설계 및 시스템 구축을 진행한다. 또한 ERP 시스템 교육도 진행하는데, 현업에 종사하는 각 업무 담당자를 대상으로 교육을 실시해 새로운 시스템에 대한 이해도를 높임으로써 전사적인 통합시스템 구축에 적극적으로 참여할 수 있게 독려해준다. 이해도를 높이는 교육을 통해 통합시스템 구축 단계의 상세설계, 시스템 구축 및 개발, 테스트, 안정화 단계를 차질 없이 진행할 수 있게 된다.

포스코에너지 PI 3.0 프로젝트의 최종 산출물인 새로운 시스템 가동을 2014년 7월 1일로 설정하고, 이 목표를 달성하기 위해 통합시스템 구축은 상세설계(4개월), 구축(3개월), 테스트(5개월)의 단계로 진행되는 일정을 수립하였다. 7월 1일 가동 이후, 3개월의 안정화 단계를 두고 종합상황실(Help Center) 운영을 통해 시스템 안정화에 만전을 기하였다. 통합시스템 구축 단계 일정은 [그림2-1]과 같다.

[그림 2-1] 통합시스템 구축 단계 일정표

일정	2013년							2014년								
	6월	7월	8월	9월	10월	11월	12월	1월	2월	3월	4월	5월	6월	7월	8월	9월
구분	준비	시스템 상세설계 (4M)				구축 (3M)			테스트 (5M)					안정화 (3M)		
ERP	프로젝트 추진 계획	To-Be 상세설계 및 Prototyping Test			기능 설계 및 개발			결합 테스트	통합 테스트 (1차,2차)		운영 테스트		가동 준비	가동.안정화 (Help. 이슈 대응)		
		Gap 분석														
자체 개발		To-Be 상세설계			개발 및 단위테스트											
Data		표준화 방안	표준화 설계		이행전략	이행설계		Data Cleansing					가동 이행			
EIS, DW		솔루션 검토	요건분석		상세설계			구축			테스트			가동안정화		
Infra'		환경 준비			개발시스템 및 테스트 환경운용			가동환경 준비. 전환			운영이관					
변화 관리	모듈 교육				교육 계획			사용자 교육 매뉴얼		사용자 교육 실시		가동 교육	운영교육			

2.1 구축 단계 목적

Master Plan 단계에서 도출된 혁신과제들은 업무 프로세스 개선과 시스템 구축을 통해 달성될 수 있다. 업무를 표준화시켜도 시스템으로 구현할 수 없다면 도출된 혁신과제는 개선될 수 없기 때문이다. 따라서 통합시스템 구축은 혁신과제에 대한 To-Be 상세설계 단계에서 업무뿐만 아니라 시스템 구현을 고려해 진행해야 하고, Prototyping 테스트 단계에서는 Fit&Gap 분석을 통해 업무 프로세스가 시스템 관점에서 잘 구현될 수 있는지에 대한 판단을 명확하게 해야 한다. 그리고 시스템 구축 단계에서는 업무 프로세스를 ERP 시스템에 맞춰 설계하고, ERP 시스템에 적용할 수 없는 업무 프로세스는 비용과 효율성을 고려한 별도의 시스템을 개발하여 적용시킨다.

통합시스템 구축은 상세설계, 시스템 구축 및 개발, 테스트, 안정화 단계로 이어지며, 각 단계에서의 세부적인 업무는 ERP 구축, Non-ERP 구축, Data 이행, Infra 점검, 변화관리, 사용자 교육 등이 있다.

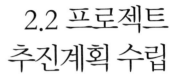

2.2 프로젝트
추진계획 수립

프로젝트를 성공적으로 추진하기 위해서는 효율적인 프로젝트 관리가 필요하다. 통합시스템 구축은 포스코에너지 PI 3.0 프로젝트 가동을 1년 앞두고 시작되었기 때문에 무엇보다 단계별로 철저한 일정관리가 요구되었다.

통합시스템 구축은 Bigbang 구축 방식으로 진행되었으므로 포스코에너지 전체 업무에 대한 프로세스 및 기존 시스템을 동시에 모두 재배치해야 했다. 따라서 PI3.0 추진반은 시스템뿐 아니라 하드웨어 구축, 변화관리 등의 일정관리를 역순으로 짜서 프로젝트 추진계획을 수립하였다. 특히 테스트 단계에서는 결합테스트, 통합테스트 1차, 통합테스트 2차, 운영테스트로 세분화해 포스코에너지 PI 3.0 프로젝트 가동과 동시에 시스템의 문제점을 최소화할 수 있었다. 주목해야 할 점은 각 단계마다 임직원들의 적극적인 참여가 프로젝트의 성공요소가 되었다는 것이다.

120

2.2.1 ERP Overview 교육

ERP 시스템은 기존의 업무에서 사용해왔던 시스템과는 그 성격이 전혀 다르기 때문에 숙지해야 할 사항들이 많다. 포스코에너지는 Best Practice Package를 구입하여 회사의 업무 체계에 맞게 Customization하는 방식을 택했다. 그러므로 새롭게 도입한 ERP Package에 대한 내용을 철저히 숙지하지 않으면 시스템 가동이 시작된 후, 현업에서 제대로 사용할 수 없을 뿐만 아니라 혼란을 가중시킬 수도 있다. 이런 이유로 시스템 구축 전 ERP 시스템 Package 교육이 중요한 사항으로 대두되었다.

성공적인 시스템 구축을 위한 ERP 교육은 PI3.0추진반, Super User, 현업 실무 담당자를 중심으로 2013년 6월 17일부터 2013년 7월 16일까지 진행되었다. 교육은 ERP 기능의 이해도 향상을 위한 내용을 중점적으로 다루었다. ERP 교육은 각각의 모듈별로 교육을 실시해야 하므로 많은 시간이 필요했다. 그 과정을 보면 모듈별로 차이가 있지만, 5주의 교육과정으로 진행되었다. Overview 교육은 PI3.0추진반과 Super User를 대상으로 인천 미래관에서 1주 동안 진행되었는데, 모든 교육은 강의 및 노트북을 활용한 실습 교육이 병행되었고, 포항 및 광양 근무자가 교육에 참여할 때는 출장 처리할 수 있도록 배려하였다. 모듈 교육은 PI3.0추진반, Super User, 현업담당자를 대상으로 일정 및 교육대상자를 고려하여 3주 동안 동시에 진행하였다. 비록 짧은 교육 시간이었지만, 최대한의 효과를 거둘 수 있도록 각 모듈 교육 과정 후 조별 Simulation 워크숍을 실시하였다. 또한 임원 및 그룹리더, 팀리더는 모듈별 상세교육 일정을 토대로 관심 분야를 수강할 수 있도록 하여 전사적인 ERP 교육을 진행하였다. 3주 동안 진행된 모듈교육은 FI(재무회계), QM(품질관리), PP(생산관리), TR(자금관리), PM(설비관리), SD(판매영업관리), CO(관리회계), MM(구매관리), PS(프로젝트관리)의 9개 과정이었다. 그중 QM(품질관리), PP(생산관리)는 현업 담당자들의 참여도를 더 높이기 위해 포항 현지에서 교육하였다.

Overview 교육을 시작으로 모듈 교육까지 마무리한 후, 전체적인 ERP 교육을 점검하는 워크숍을 5주차 때 진행하였고, 이 과정을 통해 포스코에너지는 성공적인 ERP 구축을 위한 사전 준비를 마칠 수 있었다.

6/17	6/24	7/1	7/8	7/15	7/16
1주차	2주차	3주차	4주차	5주차	
Overview [인천]	FI(재무회계) [서울]	TR(자금관리) [서울]	CO(관리회계) [서울]	워크숍 [인천]	
	QM(품질관리) [포항]	PM(설비관리) [인천]	MM(구매관리) [인천]		
	PP(생산관리) [포항]	SD(판매영업관리) [서울]	PS(프로젝트관리) [인천]		

[그림 2-2] ERP 교육 일정 및 대상

통합시스템 ERP 모듈 약어 설명

PP(생산관리) : Production Planning
MM(구매관리) : Material Management
SD(판매영업관리) : Sales and Distribution
PS(프로젝트관리) : Project System
FI(재무회계) : Financial Accounting
CO(관리회계) : Controlling
PM(설비관리) : Plant Maintenance
QM(품질관리) : Quality Management
TR(자금관리) : Treasury

2.3 상세설계

ERP 구축을 위해 업무 프로세스를 분석하는 단계에서 조직과 업무의 기능이 최적으로 매칭될 수 있도록 하려면 어떤 업무 프로세스를 선택할지 결정해야 한다.

Master Plan 단계에서 진행한 To-Be 상세구현이 포스코에너지 업무 프로세스를 중심으로 한 변화의 모습을 설계하는 과정이라면, 통합시스템 구축 단계에서 진행한 To-Be 상세설계는 업무를 시스템으로 어떻게 구현할 수 있느냐를 고려하는 과정이다. 따라서 상세설계는 ERP 시스템 구축의 전제조건인 것이다.

상세설계 단계에서는 새롭게 도입한 ERP Package에 포스코에너지 업무 프로세스가 잘 맞는지 시스템을 기준으로 점검하는 과정이며, 이 단계에서 Prototyping을 진행하게 된다. 이때 포스코에너지 업무 프로세스가 ERP 시스템으로 구현되지 않을 경우 자사의 업무 프로세스를 고칠 것인지, 시스템을 고칠 것인지, 또는 시스템을 개발할 것인지를 결정해야 한다. 따라서 이 과정에서는 Best Practice를 제공하는 ERP

Package 시스템을 구축해나가면서 포스코에너지의 업무 특성에 맞지 않는 부분은 CBO(Customer Bolt-On)대상으로 선정해 최적화된 시스템 구축을 위한 대안을 찾아야 한다. 그 대안으로는 3rd Party 도입, In-House 개발 등 Non-ERP 구축이 있다.

2.3.1 상세설계 개요

상세설계란 As-Is 분석을 통해 도출된 문제점을 개선하기 위한 것으로, 시스템을 구축하기 전에 진행된다. 이 단계에서 가장 중요한 것은 ERP 구축의 핵심인 To-Be 프로세스를 설계하고 Prototyping을 통해 Fit&Gap을 진행한 후, To-Be 프로세스와 CBO 대상을 확정하는 것이다. 다시 말해 포스코에너지 업무 프로세스에 대해 경영진 및 현업 종사자들이 요청한 사항과 ERP Package에 구현된 프로세스를 잘 조화시켜서 To-Be 프로세스를 확정하는 것이 가장 큰 과제이다.

포스코에너지는 ERP 및 IT Infra를 설계하고, 기준정보 표준화 작업을 [그림2-3]과 같이 2013년 7월부터 10월까지 4개월 동안 진행하였다. Master Plan 단계에서 도출된 혁신과제를 중심으로 각각의 과제에 대한 Review와 현업에서의 추가 요구사항을 동시에 취합하였고, 이러한 과정을 통해 도출된 To-Be 프로세스 설계는 시스템 설계와 함께 진행하였다. 또한 하드웨어 도입에 대한 내용도 검토하면서 권한체계 설계를 위해 필요한 모듈의 사용자 권한 설계를 진행하고, 동시에 수직적·수평적 모듈사용 권한 체계 설계도 점검하였다.

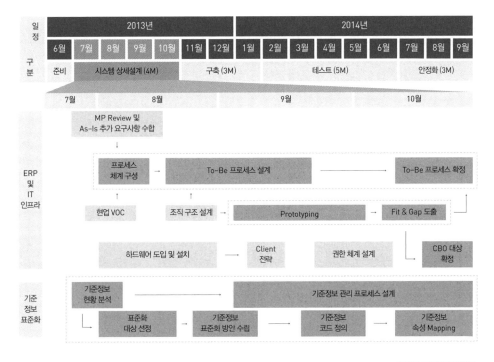

[그림 2-3] 상세설계 일정표

2.3.2 ERP 상세설계

2.3.2.1 To-Be 프로세스 상세설계

ERP 시스템 구축 전 업무 프로세스가 시스템으로 잘 구현되기 위해서는 업무별로 세밀한 분류과정이 필요한데, 그 분류는 메가 프로세스, 프로세스 체인, 프로세스, Task, Step으로 세분화할 수 있다. Master Plan 단계에서는 메가 프로세스, 프로세스 체인, 프로세스, Task의 4단계로 업무를 분류하였다. 하지만 구축 단계에서는 To-Be 프로세스를 시스템으로 구현하기 위해 업무를 더 구체화하여 Step까지 포함시킨 상세한 설계를 진행해야 한다.

[그림2-4]와 같이 상세설계에서는 프로세스를 5단계의 Level로 구성하였고, 프로세스 리스트도 구성하였다.

To-Be 프로세스 재설계 분류 결과

- 메가 프로세스(Level 1)
  · 기업의 업무 활동을 Value Chain 관점에서 효율적으로 관리할 수 있는 단위로 구분
  · 프로세스 구성 체계 최상위 단계

- 프로세스 체인(Level 2)
  · 메가 프로세스의 하위 단계로서 기능 영역 단위로 구분 또는 업무 특성, 고객 구분, 수행 조직으로 인하여 프로세스가 판이하게 다른 경우 구분

- 프로세스(Level 3)
  · 프로세스 체인 내의 업무를 Process Life Cycle(계획, 실행, 평가)의 관점에서 유사한 업무 활동의 집합으로 구분

- Task(Level 4)
  · 프로세스 내에서 동일한 목적을 가지고 연속적으로 일어나는 업무의 관리 단위
  · 프로세스 구성 체계 최하위 단계로 Step들이 연속적인 흐름으로 구성

- Step(Level 5)
  · ERP상의 개별 스크린에 해당하며, Step의 최소 구성 요소는 프로시저로 스크린별 Data 입력 단위

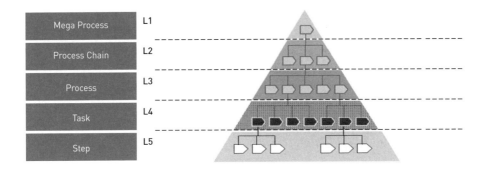

[그림 2-4] To-Be 프로세스 재설계 분류결과

To-Be 프로세스 상세설계는 메가 프로세스와 프로세스 체인을 토대로 프로세스 및 Task를 정의한 후, Task Map을 통해 최종적으로 To-Be 프로세스를 확정하는 것을 말한다.

To-Be 프로세스 상세설계 과정

(1) Master Plan 결과 Review : 인터뷰 결과서

Master Plan 단계의 결과인 혁신과제 및 To-Be 프로세스 모델을 검토하고, 필요한 부분의 보완작업을 진행하였다. 또한 신규인력(컨설턴트)에 대한 설계 과정을 공유하고, 부문별 인터뷰를 통해 추가 개선점을 마련하였다.

(2) Task 및 Task 유형 재정의 : To-Be 프로세스 리스트

Task 처리과정에서 파생될 수 있는 여러 가지 업무를 분류해서 정의한 Task 유형을 검토하고 보완하는 과정이다. Task별 주요 업무 처리기준 및 Task 유형별 구성

Step을 정의하였다.

(3) Task Map 작성 : To-Be 프로세스 정의서

정의된 Task별 Step으로 구성된 Task Map을 작성하는데, ERP 및 기존 시스템 기능을 토대로 Step을 매핑하였다.

(4) To-Be 프로세스 확정 : 현업 워크숍

현업 Review 및 추가 보완을 통해 To-Be 프로세스를 확정하였다.

위의 과정을 통해 To-Be 프로세스 상세설계는 6개의 메가, 33개의 프로세스 체인, 196개의 프로세스, 829개의 Task, 4,284개의 Step으로 설계되었다.

발전사업						
Chain	전력정책 대응	전력 판매	연료 구매	전력생산 관리	발전설비 관리	환경정책 대응
Process	-	-	-	-	-	-
Task	-	-	-	-	-	-
Step	-	-	-	-	-	-

연료전지사업						
Chain	마케팅	생산관리	품질관리	제품생산	제품물류 관리	설비관리	프로젝트 관리
Process	-	-	-	-	-	-	-
Task	-	-	-	-	-	-	-
Step	-	-	-	-	-	-	-

연구개발			신사업개발				투자사업운영	
Chain	연구 과제관리	기술 자산관리	대외 기술협력	사업 발의	사업 추진	건설 관리	사업 관리	태양광 사업운영	RDF 사업운영
Process	-	-	-	-	-	-	-	-	-
Task	-	-	-	-	-	-	-	-	-
Step	-	-	-	-	-	-	-	-	-

경영기획 및 지원										
Chain	경영 기획	투자 관리	재무	인사 관리	구매	총무	안전 보건	환경	감사	원가	경영 지원
Process	-	-	-	-	-	-	-	-	-	-	-
Task	-	-	-	-	-	-	-	-	-	-	-
Step	-	-	-	-	-	-	-	-	-	-	-

[그림 2-5] To-Be 프로세스 도출 결과

2.3.2.2 Prototyping

Prototyping은 포스코에너지 업무 및 시스템의 프로세스가 ERP의 표준기능에 맞는지를 확인하는 작업이다. 이는 포스코에너지의 To-Be 프로세스가 ERP에 어느 정도 지원되는지 실행가능성을 검토하고, PI3.0추진반을 비롯한 현업에서 표준기능을 이해하고 공유한 후, 타 모듈과의 연계관계를 확인하는 것이다. 따라서 Prototyping 과정에서는 설계된 To-Be 프로세스를 ERP 표준기능으로 구현하며, 업무처리 단위인 Step 단위로 수행해야 한다.

Prototyping 작성은 시나리오 정의(모듈별로 작성) → 테스트할 목록과 테스트 일자 기입 → Prototyping 테스트 담당자 기술의 순서로 진행되며, [그림2-6]은 Prototyping 템플릿의 예이다. Prototyping을 진행할 때는 가능한 한 ERP로 구현할 수 있는 모든 Case가 반영될 수 있도록 해야 한다.

프로토타이핑 목록						
시나리오 ID	시나리오명	실행일자	담당자			비고
			PI	IT	컨설턴트	

- To-Be 설계 기준을 토대로 Prototyping 대상 선정
- 시나리오 ID 기준 : 모듈 + "001"…"999"
- 시나리오 작성 기준은 Task Level 단위로 작성함

- Prototyping 실행 일자를 기술

- Prototyping Test 담당자를 기술

[그림 2-6] Prototyping 템플릿

Prototyping 작성법

- 통합테스트가 아닌 단위테스트이므로 각 모듈 단위로 수행

- 사전에 모듈별 Prototyping 시나리오를 작성하고 시나리오별 상세 Step을 정의

- 타 모듈의 선행 프로세스가 필요하거나, Master Data가 필요한 경우 모듈 간 협의 하에 사전 준비

- 컨설턴트 주도 하에 진행하며 PI3.0추진반의 교육을 겸함

- 테스트 결과를 Prototyping 테스트 결과서에 상세히 기술(Input, Output, 성공여부, 이슈 등)

- Prototyping 테스트 후 이슈해결 결과 정리

[그림2-7]과 [그림2-8]은 위의 Prototyping 작성법에 따라 작성된 FI(재무회계) Prototyping 리스트와 PM(설비관리) Prototyping 리스트이다.

시나리오 ID	시나리오명	Task ID	Task명	실행일자	시간	담당자	비고
FI-01	계정과목생성및변경	F-030-010-010	계정과목관리	2013.9.23	오전		
FI-02	고객마스터생성및변경	F-030-010-020	고객마스터관리	2013.9.23	오전		SD
FI-03	여신마스터생성		여신마스터관리	2013.9.23			
		F-030-020-020			오전		
FI-17	자산마스터생성	F-030-010-010	자산마스터생성	2013.9.30	오전		
FI-18	자산마스터변경	F-030-010-010	자산마스터변경	2013.9.30	오전		
FI-19	유무형자산취득	F-030-010-010	유무형자산취득	2013.9.30	오후		

[그림2-7] Prototyping 리스트_FI(재무회계)

시나리오 ID	시나리오명	Task ID	Task명	실행일자	시간	담당자	비고
PM-001	기능위치관리	A-060-010-010	기능위치관리	2013.9.24	10:00~11:00		
PM-002	설비마스터관리		설비마스터관리	2013.9.24	11:00~		
PM-003	설비사양관리		설비사양관리	2013.9.24			
		A-060-020-010			~11:00		
PM-010	경상정비계획수립	A-060-020-020	경상정비계획수립	2013.9.26	11:00~12:00		
PM-011	경상정비작업준비_직영	A-060-020-030	경상정비작업준비	2013.9.27	10:00~12:00		MM

[그림2-8] Prototyping 리스트_PM(설비관리)

위의 Prototyping 리스트를 통해 테스트한 결과를 Prototyping 결과서에 자세하게 작성하였는데, 이때 이슈해결 결과를 함께 정리하면서 해결방안을 도출하는 것이 중요하다.

PM(설비관리)의 Prototyping 결과를 통한 이슈해결 사례

시나리오 ID 'PM-002'인 '설비마스터관리' 시나리오의 경우

- 이슈

  모바일설비정보시스템(Anysee) 부분은 ERP에서 설비 Master 조회가 필요하다는 이슈 발견

- 이슈 해결방안

  모바일설비정보시스템(Anysee) 부분은 설비 Master 조회를 위한 ERP ABAP RFC(Remote Function Call) 개발

이처럼 각각의 모듈에 대한 Prototyping 결과를 통해 이슈를 확인하였고, 시스템 구축 전 해결방안을 마련해 시스템 구축 단계 준비를 시작하였다.

2.3.2.3 Fit&Gap 분석 및 CBO여부 결정

Fit&Gap 분석은 포스코에너지 To-Be 프로세스와 ERP 프로세스를 비교하여 차이점을 발견하는 것으로, 분석 결과 전체 업무 중 수작업을 제외한 시스템 적용률이 39.7%, ERP 시스템 표준기능 활용률은 76.3%를 차지하는 것으로 나타났다.

ERP 시스템에서 표준으로 제공하고 있는 기능이나 프로세스를 포스코에너지 업무 및 시스템에 적용해봤을 때, 부족하거나 부적합하다고 판단되면 일부 기능을 개

발하거나 표준 기능 및 프로세스를 변경하는 경우가 있다. 즉, ERP 시스템에서 소화하지 못하는 문제에 대한 해결방안으로 Modification, CBO, 기존 시스템 Interface 등이 있다. Modification은 ERP의 표준기능을 직접 변경하는 것으로, 기술적으로는 Source Code나 표준 Table의 필드를 변경하는 작업을 말한다. CBO는 ERP의 표준 기능과 Table에 영향을 미치지 않는 상태에서 추가하고 기능을 개발하는 것을 말한다. 기존 시스템 Interface는 기존 포스코에너지에서 사용하고 있었던 시스템 프로세스와 연계하는 것을 말한다.

CBO 개발 중 FI(재무회계)의 사례는 [그림2-9]와 같다. FI(재무회계)에서는 CBO 개발대상이 27건 제기되었다. 예를 들면, 선 발행 세금계산서는 7일 이내 대금을 수취해야 부가가치세법에 의해 적법한 세금계산서로 인정되지만, ERP FI(재무회계)의 표준기능에서는 이 부분이 제공되지 않았다. 따라서 대금 기일 관리 및 7일 이내 미수취 시 자동으로 발행취소 되는 기능 개발이 필요했다.

구분	개발건수	주요 개발 필요성(사유)
PM	20	▪ 대수리 작업 관리를 위한 다량의 작업 오더 생성 기능 개발로 대수리 설계 시간 단축
FI	27	▪ 선 발행 세금계산서는 7일 이내 대금을 수취하여야만 부가가치세법에 의해 적법한 세금계산서로 인정되므로, 대금 기일 관리 및 7일 이내 미수취 시 자동으로 발행취소 하는 기능 개발 필요

[그림 2-9] 상세설계 결과보고 자료

2.3.3 기준정보 표준화

시스템 구현 및 구축을 위해서는 ERP의 기준정보, 조직구조 등이 표준화되어 있어야 한다. 시스템 적용대상(프로세스)에 해당하는 기존 ERP의 기준정보를 조사하고, 그 당시 사용하지 않는 업무에서 기준정보를 가지고 있지 않는 분야는 새롭게 기준정보를 생성하는 방법론을 사전에 만들어서 각 모듈 담당자와 현업에 협조를 구했다. 현업에서는 기존 시스템의 Master Data, 코드체계를 전수 조사하여 회신해 주었다.

2.3.3.1 표준화 방안 수립

ERP 상세설계 단계에서는 To-Be 프로세스 결과에 대한 시스템 적용 대상 및 Gap 분석을 진행한 후, ERP 표준화에 맞춰 기준정보 설계를 진행하였다. 그 결과 [그림2-10]처럼 전사 Master 7개, 모듈 Master 31개, 조직구조 23개의 총 61개 기준정보를 설계하였다.

전사 Master는 전사 업무 영역에서 활용되는 Master Data로 Material, BOM, Routing 등이 구성되었다. 그중 Material은 여러 모듈과 통합적으로 연계되어 있기 때문에 ERP에서 처리되는 각종 업무처리의 기본정보로 활용할 수 있다.

모듈 Master는 단위 업무 영역에서 활용되는 Master Data로 ERP에서 제공하는 9개의 모듈에서 각각 필요한 업무 영역의 구성을 설계하였다. 그리고 조직구조는 SD(판매영업관리), MM(구매관리), PP(생산관리), PM(설비관리), FI(재무회계), CO(관리회계)의 6개 모듈에 대해서 설계하였다.

구분		계	SD	MM	PP	PM	PS	QM	FI	CO	TR
계		61	9	8	4	12	2	8	8	8	2
	전사 Master	–	–	–	–	–	–	–	–	–	–
	모듈 Master	–	–	–	–	–	–	–	–	–	–
	조직구조	–	–	–	–	–	–	–	–	–	–

[그림 2-10] 기준정보

2.3.3.2 조직구조 표준화 설계

조직구조 표준화는 새롭게 도입하는 ERP에서 각종 Data를 체계적으로 관리하는 운영 구조로, 여러 Business 요건(회계, 관리, 구매, 생산 등)을 고려하여 회사 조직 및 운영 체계를 설계하는 것을 말한다.

ERP 표준화에 맞는 회사 조직 및 운영 체계를 9개의 단위로 정의하였는데, 그 내용은 다음과 같다.

① 관리회계 단위: Operating Concern과 Controlling Area

　사업계획, 수익성분석, 관리단위

② 계정과 목표: Chart of Account

　계정과목들의 집합 단위

③ 법인 단위: Company Code

　법적 요건에 의거, 외부공표 목적의 재무 제표가 산출되는 단위

④ 구분 회계 단위: Business Area

　사업영역별 재무제표를 산출하는 단위

⑤ 구매 및 판매 단위: Purchasing Organization과 Sales Area

구매 및 판매를 독립적으로 운영하는 단위

⑥ 생산 및 원가 단위: Plant

생산계획 및 실적, 제조원가, 설비정비를 독립적으로 운영하는 단위

⑦ 창고별 재고 관리 단위: Storage Location

원재료, 자재, 반제품 등을 수불 관리하는 창고 단위

예를 들어, 구매 부분의 조직구조 설계에서 Purchasing Organization(구매조직)은 최상위 조직으로 법인별 1개로 설정하였다. 그리고 공급사 코드, 공급사별 가격정보 등의 관리 및 구매 실적 분석을 하는 조직 단위로 구성하였다. Purchasing Group(구매그룹)은 구매 요청 건에 대한 구매 발주를 진행하는 구매담당자나 구매담당자 그룹(구매부서)을 나타내는 정보로서 발전소, 연료전지, 연구소 등 사업실 및 공통 단위로 19개를 설정하였다.

회계, 판매, 구매, 생산 등 여러 가지 업무 프로세스를 고려하여 회사 조직 및 운영체계를 새롭게 구축하는 ERP 표준화에 맞춰 설계하였고, 그 결과 조직구조는 [그림2-11]과 같다.

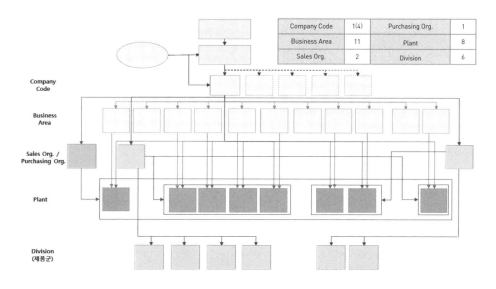

Company Code	1(4)	Purchasing Org.	1
Business Area	11	Plant	8
Sales Org.	2	Division	6

[그림 2-11] 조직구조 설계도

2.3.3.3 기준정보 표준화

기준정보 표준화는 시스템 구축 준비를 위해 ERP 상세설계 단계에서 진행한 것으로, ERP에서 제공하는 표준화에 맞춰 설계되었다. 기준정보 표준화 중 PM(설비관리)과 FI(재무회계)의 사례는 다음과 같다.

기준정보 표준화 중 PM(설비관리)은 전사 Master 1개, 모듈 Master 5개가 기준정보 설계 대상이었다.

전사 Master

- Equipment Master(설비)

  정비활동의 단위가 되는 설비의 기준정보(위치, 정비책임, 사양 등)를 나타내며 설비의 세부사양 및 가동상태 등을 관리

모듈 Master

- Functional Location(기능위치)

  정비 대상 설비의 조직별, 기능별로 구조화된 계층 구조를 표현하기 위한 Master

- Equipment BOM(설비자재명세서)

  정비 부위가 동일한 설비들에 대하여 자재(구조체)별 BOM을 구성하여 설비연결

- Maintenance Plan(정비계획)

  예방정비(점검, 정비, 진단, 검사 등) Data를 관리하기 위한 Master(주기, 설비, 작업장 등)

- Task List(표준작업절차)

  예방정비 수행 시 설비별 정비절차(정비항목, 작업장, 작업시간, 정비주기 등)를 관리

- Measuring Point(측정지점)

  설비의 측정값을 관리하기 위한 Master(진동, 온도, 가동시간 등)

기준정보 표준화 중 FI(재무회계)는 전사 Master 1개, 모듈 Master 1개가 기준정보 설계 대상이었다.

전사 Master

- G. L Account

  회계 계정과목으로서 그룹의 방침에 따라 포스코 표준계정(기타법인용)을 사용

모듈 Master

- Asset

  개별 자산의 분류 코드로 자산의 관리부서, 내용년수, 감가 상각방법 등의 속성을 정의

2.3.4 Non-ERP

ERP 시스템 상세설계 단계에서는 ERP Package의 기능으로 구현할 수 없는 부분에 대해 3rd Party[1] 솔루션을 적용하거나, In-House에서 자체적으로 개발하는 Non-ERP의 구축을 동시에 진행하였다. ERP 시스템 구축을 Core ERP로 진행할 수 없을 경우, 사용자 편의를 강화하기 위해서 Non-ERP 업무범위에 포함시켜 동시에 구축하는 것이 보다 효율적이다. 포스코에너지는 ERP 상세설계 과정에서 전사적으로 Fit&Gap 분석을 통해 최적화된 시스템을 구축하였다.

PI 3.0 프로젝트 추진을 위해 메인 시스템인 ERP 이외에 총 8개의 Non-ERP 시스템이 도입되었다. 그중 전자구매 시스템, 전자전표 시스템, 총무지원 시스템, 도면정보 시스템, 전사 표준관리 시스템의 5개는 3rd Party 솔루션을 신규 도입하였고, 조업실행 시스템, 운전정보 시스템, 전력거래 시스템의 3개는 시스템을 ERP와 Interface하거나 고도화하는 작업을 진행하였다.

Non-ERP 시스템 개발은 3rd Party 솔루션 적용 또는 In-House 개발로 진행되었다. 3rd Party 솔루션 적용의 경우 현업의 요구기능 분석을 통해 테스트 범위를 정의하고 솔루션 Prototyping을 수행하여 Gap 도출을 한 후, Gap 대상이 프로그램 개발 대상이면 개발 목록에 취합하여 개발 범위를 확정하도록 했다. 즉, Master Plan 단계에서 도출된 상세구현 결과를 바탕으로 요구기능 분석 → 솔루션 Prototyping → 솔루션 Fit&Gap 분석 → 개발 대상 확정의 과정이 진행되었다. 3rd Party 솔루션이 적용된 Non-ERP에는 전자전표, 전자구매, 도면정보, 표준관리 시스템이 해당된다.

---

1) 공식적으로 하드웨어나 소프트웨어를 개발하는 업체 외에 중소 규모의 개발자들이 제품을 생산하는 경우

In-House 개발의 경우, 현업의 요구기능 분석을 통해 개발 구축 범위를 정의하고, 개발 대상에 대해서 UI · Interface · DB 설계를 진행하였다. 또한 개발 완료 건은 단위테스트 수행 후 각 기능 간 통합성 및 Data 점검을 위해 결합테스트를 수행하였다.

2.3.4.1 Non-ERP 대상 선정

포스코에너지는 Core ERP에서 지원하지 않는 기능은 사용자 편의성을 강화하고 자사에 필요한 것들을 반영하기 위해 기존에 사용하던 시스템을 고도화하여 적용하거나, Non-ERP 시스템으로 추가하였다. 즉, 과거에 사용하던 시스템을 고도화하여 적용한 후 적용되지 않을 경우 Non-ERP로 구축한 것이다. 이때 진행된 Non-ERP 구축은 3rd Party 솔루션 도입 및 In-House 개발이었다.

총무지원의 경우 혁신과제 19번인 'One-Stop Service를 제공할 수 있는 총무지원 체계 구축'을 위해 In-House 개발을 하였다. 이 개발은 유지보수하는 부분까지 고려해 자사의 업무에 맞는 업무 시스템으로 Customizing한 것이다.

포스코에너지는 사용자 편의성 및 업무 효율성을 위해 메인 시스템인 ERP 이외에 8개의 Non-ERP 시스템을 도입하였다. Non-ERP 시스템 도입 현황은 [그림 2-12]와 같다.

- 전자전표 : 3rd Party 솔루션
  전자전표 시스템 도입을 통하여 전표 입력 편의성 증대, 전표처리 업무 간소화, 입력 오류 최소화, 신속한 결산 지원

- 전자구매 : 3rd Party 솔루션

  전자구매 시스템 도입으로 ERP 연계기능 구현 및 외부 공급사와의 조달업무 전반
  에 대한 협업기능 구현

- 조업실행 : 시스템 고도화

  조업실행 시스템 고도화를 통해 ERP와의 연계 및 바코드 기능 추가를 통한 전체시
  스템 신뢰도 제고

- 도면정보 : 3rd Party 솔루션

  포스코에너지의 중요 지적자산인 도면(기술) 문서를 통합관리하여 완벽한 문서 보
  안 체계를 구축하고, 표준화된 관리체계를 수립하여 관련 부서 간 도면 Data 실시간
  공유 및 검색의 실현

- 총무지원 : In-House 개발

  총무지원 시스템 구축을 통해 총무신청업무의 통합 및 프로세스 간소화로 총무지원
  업무 만족도 제고

- 표준관리 : 3rd Party 솔루션

  표준관리 시스템 구축으로 PI 추진을 통해 수립된 업무 표준에 대한 체계적인 시스
  템 관리 및 업무 효율성 제고

- 운전정보 : 시스템 고도화

  시스템 고도화를 통해 전력생산정보 ERP 연계 및 연료전지 품질 주요인자 모니터
  링을 통한 선제대응 체계 수립

- 전력거래 : 시스템 고도화

  전력매출 거래내역의 ERP 연계 기능을 추가하여 자동화된 ERP 매출처리 프로세스
  수립

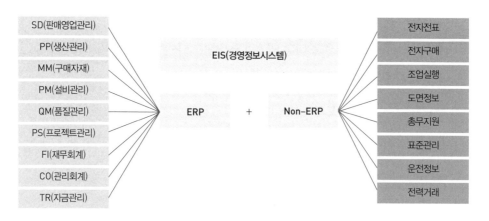

[그림 2-12] Non-ERP 리스트

2.3.4.2 Non-ERP 요구사항 정의

Non-ERP 시스템 도입 중 도면정보 시스템은 3rd Party 솔루션을 통해 구현하였다.

As-Is 분석을 통해 도출된 22개 혁신과제 중 하나인 '정비작업 최적 수행을 위한 발전설비 기준정보 표준화와 설비관리 시스템 구축'을 위해서는 전사적으로 표준화된 도면정보 프로세스 재정립과 시스템 구축이 필요했다.

시스템 구축 전 도면정보 As-Is 프로세스를 분석한 결과 발전사업을 제외하고 연료전지사업, 신사업개발, 연구개발에서는 도면정보 프로세스가 명확하지 않았다. 발전사업의 경우에도 2000년에 도입된 도면정보시스템(DATIS)을 사용하고 있었고, 그룹웨어와 이원화된 시스템을 운영하고 있었다. 또한 연료전지사업, 신사업개발, 연구개발의 경우 개인 PC에 도면을 관리하여 보관하고 있어 업무 표준화도 미흡했고, 보안에서도 리스크가 제기되었다.

따라서 [그림2-13]과 같이 전사 표준 프로세스 적용이 가능한 3rd Party 도면정보 솔루션 도입이 필요했다. 전사 통합 도면정보 시스템 구축을 통해 도면정보 종류 체계 표준화, 전사 통일된 관리 기준 정립 등 업무 효율성에 대한 개선효과를 기대할 수 있었다.

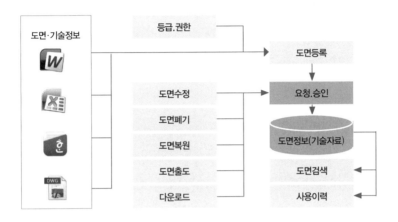

[그림 2-13] 도면정보 시스템 구현설계

2.3.5 IT Infra 설계

ERP 상세설계 단계에서는 To-Be 프로세스 상세설계, Prototyping, Gap 분석, 기준정보 표준화, Non-ERP 대상 선정 등의 과정을 진행하는데, ERP 시스템의 안정적인 설치 및 운영에 필요한 서버자원의 도입도 동시에 진행한다. ERP 시스템 구축 전 ERP 상세설계 단계에서 하드웨어 구성방안이 마련되어야 ERP 시스템의 안정적인 설치가 가능하다.

당시 포스코에너지는 운영 중인 서버를 포함, 유지보수 비용 최적화 관점에서 종합적인 서버자원의 구성방안을 검토하였다. 포스코에너지에서 운영 중인 서버는 사양이 낮은 서버로 구성되어 있었고, 소규모 서버가 다수 운영됨에 따라 유지보수비용이 과도하게 발생되고 있었다. 또한 업무시스템별 서버가 단독으로 운영되어 서버 장애 발생 시 시스템이 중단되는 경우가 발생되기도 했다. 따라서 당시 ERP 시스템 운영을 위한 서버 도입을 검토할 때 기존 서버들을 통합한 최적의 고사양 서버를 도입하여, ERP뿐만 아니라 전체 시스템을 통합하고 최적화하였다. 이를 통해 유지보수 비용 절감, 서버 이중화 구현(서버 장애 발생 시 업무의 연속성을 유지하기 위하여)의 개선방안이 마련되었다.

ERP 시스템 운영을 위한 하드웨어 구성방안은 To-Be 구성안, 저사양 서버를 활용한 이중화, 서버도입 최소화 부분을 중심으로 검토하였다. To-Be 구성안은 서버, 통합 DB, 가상화, 스토리지, 기존시스템 이관 등을 고려한 구성방안이 제기되었다. 따라서 구성방안은 서버 구성 안정성과 향후 확장성을 고려한 To-Be 구성안이 결정되었고, 구매비용과 10년간의 유지보수 비용을 고려해서 업체는 F사로 결정하였다.

[그림2-14]는 ERP 시스템 운영을 위한 하드웨어 To-Be 구성안으로, ERP 가동 이후 5년간의 서버구성 및 다수의 소형 기존 시스템 영역 이관도 감안해 구성된 것이다.

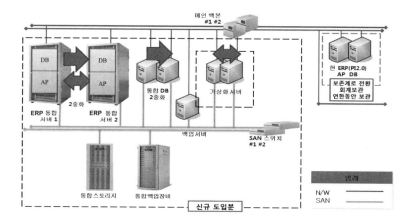

[그림 2-14] 시스템 운영을 위한 하드웨어 구성도

2.4 구축

시스템 구축은 상세설계가 끝난 후 3개월 동안 진행하였다. 이 단계에서는 표준화된 ERP의 Configuration과 Non-ERP로 시스템 도입이 진행된다. 또한 ERP와 Non-ERP의 Interface 확인 작업도 함께 진행되기 때문에 시간적인 업무계획을 잘 세워야 한다.

기준정보 표준화 업무도 구축 단계에서 진행하는데, 기존에 쓰던 Data를 새로운 시스템으로 이행하는 Data Conversion 전략을 수립해서 1차 Data 이행까지 잘 수행해야 한다. 이러한 Data 이행은 구축 이후의 단계인 테스트 단계에서도 계속되는 업무이며, 시스템 가동 전까지 계속된다.

EIS(경영정보 시스템)는 ERP와 Non-ERP를 통해 다 만들어진 정보를 구현해야 하기 때문에 구축 단계에서는 EIS를 어떻게 구현하는 것이 효과적인지에 대한 검토만 진행하였다. [그림2-15]는 구축 단계 일정표이다.

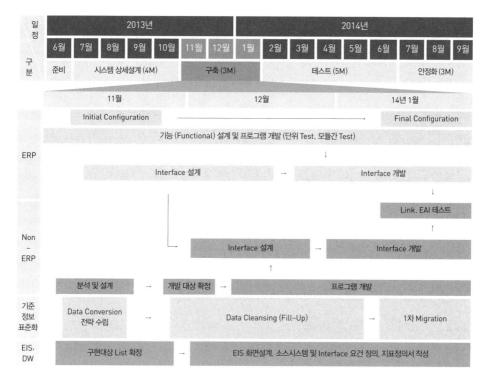

[그림 2-15] 구축 단계 일정표

2.4.1 ERP 구축

2.4.1.1 기능 설계(Functional Spec.)와 기술 설계(Technical Spec.)

상세설계 Fit&Gap 분석 결과 해결방안이 ERP CBO · Interface · Non-ERP로 결정되면 구축 단계에서 실제로 개발을 하는데, 이때 필요한 기능적 설계를 유형별로 수행해야 한다. 개발부문의 기능설계는 고객의 요구사항을 만족시키기 위해 기능별로 개발의 우선순위 및 변경 절차를 수립하고 개발 표준을 정의한 후, ERP

CBO · Interface · Non-ERP별로 기능사양, 화면설계, Table 설계를 정의한다. 그 과정이 [그림2-16]처럼 진행된다.

ERP CBO Functional 설계는 ERP-CBO에 대한 개발 사양 정의, ERP-CBO에 대한 화면 Layout 정의, 필수 Report 정의를 진행하며, 이 과정에서 프로그램 사양서와 Table 정의서가 완성된다.

Non-ERP Functional 설계는 Non-ERP 시스템에 대한 개발 사양 정의, Non-ERP 시스템에 대한 화면 Layout 정의, 필수 Report 정의를 진행하는데 이때 프로그램 사양서와 Table 정의서가 완성된다.

Interface Functional 설계는 Interface 대상별 유형 정의, Interface 사유, Source 및 Target, Data 등의 Interface 사양을 정의하는데 이 과정에서 Interface 목록, Interface Mapping 정의서가 완성된다.

ERP Configuration은 기능설계 → 개발설계 → 완료로 진행된다.

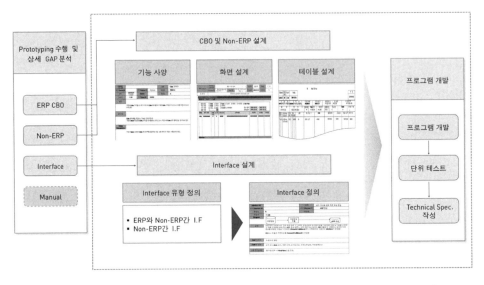

[그림2-16] 개발 흐름도

2.4.1.2 Interface 설계

전력거래 시스템 As-Is 분석 결과, 수작업으로 진행되는 부분이 많아 업무가 표준화되지 않았었다. 따라서 혁신과제 5번인 '전력판매 프로세스 개선 및 전력시장 규칙개정을 통한 수익 증대'를 위해 Interface 설계가 필요하였다.

[그림2-17]은 전력거래 시스템을 SD(판매영업관리)로 연결하는 Interface 정의서로, 매일 전력거래 시스템에서 발전기별 호기별 매출 측정 후 Data를 ERP SD(판매영업관리)로 보내주고, 이 Data를 기준으로 PP(생산관리), CO(관리회계)를 거쳐 자동화 회계처리가 가능하도록 해야 하는 것이다. 이 과정을 통해 전력거래 시스템에서는 Data 추출 규칙을 정하게 되고, ERP에서는 Data 로딩 규칙을 만들어가게 된다. 전력거래 시스템 업무 프로세스에 대해 많은 경우의 수를 고려해서 ERP 시스템으로 수신한 Data 값을 통해 Interface를 설계할 수 있다.

Interface ID	ETS-SD-001		신청자	OOO
Interface명	전력거래_CBP 매출처리		신청일	2013.12.2
Interface 설명	전력거래 시스템으로부터 일별 CBP발전 매출수량(송전량 기준), 자체 정산내역을 ERP시스템으로 수신		작성자	OOO
Interface 유형	DB to RFC		작성일	2013.12.2

Interface 발생 Event 조건	
Event 발생 상세 조건	매일 3:30분에 전력거래 시스템으로부터 발전기별 호기별 매출(자체정산) 데이터를 수신한다
Parameter	

송신시스템		수신시스템	
서버명	ETS	서버명	–
시스템명	전력거래 시스템	시스템명	SD
시스템 유형 (데이터타입)	DB	시스템 유형 (데이터타입)	RFC
DB 종류	–	RFC Function명	ZSD_IF_SALES_RCV
데이터 추출 규칙		데이터 로딩 규칙	

No	테이블(파일)	컬럼	컬럼유형	PK	변환규칙	Logical명	비고	No	INPUT	컬럼(Field)	컬럼유형 (Type, size)	PK (Key)	Logical명 (Desc)	비고
1	IF_00123_H	OCCUR_DD	VARCHAR(8)	Y		발생일자		1		I_OCCUR_DD	DATS(8)	Y	I.F 발생일자	
2	IF_00123_H	OCCUR_HR	VARCHAR(6)	Y		발생시간		2		I_OCCUR_HR	TIMS(6)	Y	I.F 발생시간	
3	IF_00123_H	OCCUR_SEQ	Number(12)	Y				3		I_OCCUR_SEQ	NUMC(12)	Y	I.F 발생순번	
	_00123_H	GEN_CD	CHAR							I_ZUTBP	CHAR(4)	Y		1: 자체정

No	테이블 (파일)	컬럼	컬럼유형	PK	변환규칙	Logical명	비고	No	테이블 (파일)	컬럼	컬럼유형 (Type, size)	PK (Key)	Logical명 (Desc)	비고
1	IF_00123_L	TRADE_HR	CHAR(2)			시간		1	T_IN	ZPHOR	CHAR(2)	Y	시간	13 (01 ~ 24)
2	IF_00123_L	UNIT	CHAR(3)			수량단위		2	T_IN	VRKME	UNIT(3)		수량단위	Kwh
3	IF_00123_L	AMGO	Number (15.3)			송전량 (AMGO)		3	T_IN	VV001	CHAR(15)		송전량(AMGO)	583432 Kwh, Number(15.3)KPX 조정량
4	IF_00123_L	MGO	Number (15.3)			송전량 (MGO)		4	T_IN	VV002	CHAR(15)		송전량(MGO)	583432 Kwh, Number(15.3) PP기준 송전량
5	IF_00123_L	AMO_UNIT	CHAR(3)			금액단위		5	T_IN	KOEIN	CUKY(5)		금액단위	KRW

[그림 2-17] Interface 정의서_전력거래 ID: ETS-SD-001(표)

2.4.1.3 Interface 개발

EAI(Enterprise Application Intergration)는 기업에서 운영되는 서로 다른 플랫폼(OS, DBMS 등) 및 어플리케이션(ERP, 전자구매, 전자전표 등)들 간의 정보 전달, 연계, 통합 (Interface 및 Intergration)을 가능하게 해주는 Interface 솔루션을 말한다.

EAI를 도입하는 이유는 Data 전송의 신뢰성 보장, 장애시 시스템 영향도 최소화, Interface 통합 모니터링, 개발 생산성 향상을 위한 것이다. 당시 포스코에너지는 EAI 방식이 아닌 Point to Point 방식으로 시스템을 운영하고 있었기 때문에 시스템 변동이 발생할 때마다 많은 작업을 해야 하는 어려움이 있었고, Intergration에 대한 개발 및 유지 비용이 많이 들었다. 따라서 포스코에너지는 EAI 방식을 도입해 ERP, Non-ERP, 기존 시스템 상호 간 Interface가 가능하도록 만들었다. 즉, Data의 정합성 관리와 향후 유지보수의 효율성을 위한 Interface 통합 솔루션을 도입하였다.

2.4.1.4 Configuration

Configuration이란 범용성(Ready-Made) Package인 ERP를 운용하기 위해 To-Be 설계에 맞도록 포스코에너지 업무기준 체계를 정리하여 등록하는 것을 말한다. 즉, Configuration은 자사가 원하는 요구사항을 지원하기 위해 ERP 시스템의 기능을 변화시키는 것이다.

모듈별 Configuration을 2013년 11월 말까지 확정하고, 이후 발생하는 Configuration 수정사항은 지속적으로 보완하여 2014년 1월까지 확정하였다. ERP 시스템을 가동하기 위해서는 업무기준체계인 Configuration 등록 작업이 반드시 선행되어야 한다.

[그림2-18]은 QM(품질관리)의 Configuration 정의서이다. 그 내용을 살펴보면 플

랜트 Level에서 사용되는 속성 기본값을 정의하며, QM(품질관리)에 사용될 기능만 정의하도록 되어 있다. 즉, 어떤 플랜트에 대해 QM(품질관리)을 할 것인지 그 대상을 설정하는 것이다. ERP의 Best Practice 중 시스템 사용여부를 결정해 가는 것도 Configuration이다.

1. Overview

요설명	플랜트 Level에서 사용되는 속성 기본값을 정의하며, QM업무에 사용될 기능만 정의한다.
메뉴경로	Quality Management → Basic Settings → Maintain Settings at Plant Level
T-Code	SPRO
선행요건	

2. Configuration 변경이력

No.	변경 내역	일자	작성자
1	최초작성	2014.5.22	

3. Screen Define

Navigation Overview

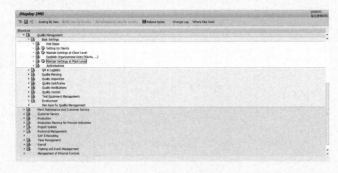

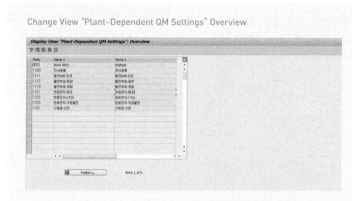

Change View "Plant-Dependent QM Settings" Overview

※ PP모듈에서 정의한 플랜트 중에서 플랜트 Level에서QM 세팅의 유지보수가 필요한 해당 플랜트를 선택하는 화면이다.
해당 플랜트를 더블 클릭한다.

[그림 2-18] Configuration 정의서_QM 사례

2.4.2 Non-ERP 구축

2.4.2.1 3rd Party 솔루션 및 In-House 개발

ERP Package에서 구현되지 않았던 부분을 보다 효율적인 시스템으로 구축하기 위해 선정한 Non-ERP는 전자구매 시스템, 전자전표 시스템, 총무지원 시스템, 도면정보 시스템, 전사 표준관리 시스템, 조업실행 시스템, 운전정보 시스템, 전력거래 시스템 등으로 구성된다. Non-ERP는 이미 구축된 솔루션인 3rd Party를 도입하거나 In-House 개발로 진행하였다. UI · Interface · DB 설계는 3rd Party로 진행할 경우 이미 구축된 솔루션을 도입해 포스코에너지에 최적화하는 것이기 때문에 구축 단계에서 진행해야 한다. 하지만 In-House 개발의 경우 UI · Interface · DB 설계를 상세설계 단계에서 진행해야 시스템 개발을 위한 환경 정의를 할 수 있다.

Non-ERP 개발방안_3rd Party 솔루션

Non-ERP 중 3rd Party 솔루션은 개발 대상에 대해서 UI · Interface · DB 설계를 진행하고, 개발 완료 건은 단위테스트 수행 후 각 기능 간 통합성 및 Data 점검을 위해 결합테스트를 수행하는 과정으로 진행된다. 상세설계의 결과를 바탕으로 3rd Party 솔루션 구축을 진행하는데, 구축과정은 UI · Interface · DB 설계 → 프로그램 개발 → 시스템 간 테스트로 구체화된다. [그림2-19]는 Non-ERP 중 3rd Party 솔루션의 구축과정을 보여준다.

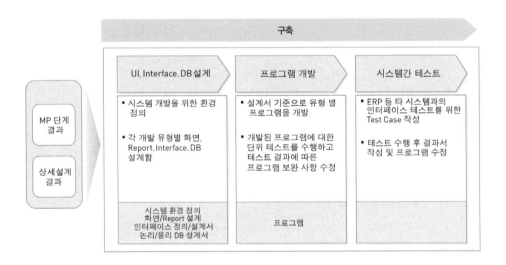

[그림2-19] Non-ERP 개발방안_3rd Party 솔루션

Non-ERP 개발방안_In-House

Non-ERP 중 In-House에서 자체개발한 시스템은 총무지원 시스템이다. 총무지원 시스템에는 명함 신청, 신분증 신청, 회의실 예약, 차량지원 등이 포함된다. 포스

코에너지 업무에 맞는 특화된 시스템을 자체적으로 구축하는 것이 가장 효율적이라고 판단되어 유일하게 In-House에서 자체개발하였다. [그림2-20]처럼 In-House 개발과정은 Master Plan 단계 결과를 통해 분석, 설계, 구축으로 진행된다. 특히 설계단계에서는 요구기능 및 To-Be 프로세스 내역을 기준으로 구축 범위를 확정하고, 개발대상을 유형별로 구분하여 목록을 작성한다. 목록 작성 후 UI · Interface · DB 설계를 하는데, In-House 구축 전 설계단계에서 시스템 개발을 위한 환경 정의를 해야 구축 단계에서 프로그램을 개발할 수 있다.

이런 과정을 통해 총무지원 시스템은 특화된 현업의 업무 프로세스를 반영한 14개 업무 항목의 시스템을 In-House에서 구축하였다.

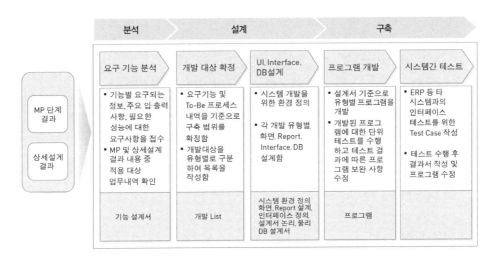

[그림2-20] Non-ERP 개발방안_In-House

2.4.2.2 설계 및 구축

Non-ERP 구축은 5개의 신규 시스템 도입과 3개의 시스템 고도화로 진행되었다. [그림2-21]은 Non-ERP 신규도입 현황을 보여주고 있는데, 신규도입 시스템은 전자구매 시스템, 전자전표 시스템, 총무지원 시스템, 도면정보 시스템, 전사 표준관리 시스템이 있다.

메가	Non-ERP 솔루션	시스템 구축개요
경영기획 및 지원	전자구매 시스템 (eMRO)	전자구매 시스템 도입을 통하여 ERP와의 연계기능 구현 및 외부 공급사와의 조달업무 전반에 대한 협업기능 구현
	전자전표 시스템	전자전표 시스템 도입을 통하여 전표입력 편의성 증대, 전표처리 업무 간소화, 입력오류 최소화, 신속한 결산 지원
	총무지원 시스템	총무지원 시스템 구축을 통해 총무신청업무의 통합 및 프로세스 간소화로 총무지원 업무 만족도 제고
공통	도면정보 시스템 (OpenEDM)	포스코에너지의 중요 지적자산인 도면, 기술문서를 통합관리하여 완벽한 문서보안 체계를 구축하고, 표준화된 관리체계를 수립하여 관련 부서간 도면데이터 실시간 공유 및 검색의 실현
	전사 표준관리 시스템 (Real BPA)	표준관리 시스템 구축으로 PI추진을 통하여 수립된 업무및 작업 표준에 대한 체계적인 시스템 관리 및 업무효율성 제고

[그림2-21] Non-ERP 시스템 도입현황_신규도입

전자구매 시스템

Master Plan 단계에서 ERP Package 선정 시 ERP Core 모듈에서 제공하지 않은 공급사 협업 기능의 구현을 위해 SRM(공급사 현업관리)을 검토하였다. 하지만 SRM에서 제공하는 전체기능 중 일부 기능만 필요하며, 부족한 기능에 대해서 추가 개발

하는 공수가 많아 SRM을 도입하지 않았다. 대신 e-Procurement 시스템을 개발하는 것으로 결정하여 최적의 시스템을 구축하였다.

전자구매 시스템 특성상 다양한 외부사용자(공급사)가 사용하는 것을 고려할 때, UI 및 편의성이 중요한 요소였다. 따라서 신규개발보다 기능 충족도가 높고, 개발에 대한 시행착오를 최소화하여 조기 안정화가 가능한 3rd Party 솔루션 도입을 통해 [그림2-22]와 같이 전자구매 시스템을 구축하였다.

ERP MM(구매관리) 모듈이 제공하지 않는 공급사와 협업기능을 ERP Core 모듈과 연계하여 공급사가 포털을 통해 효율적인 업무 수행을 할 수 있고, 구매 Data 이중화 관리를 최소화할 수 있도록 구축 범위를 확정하였다. 또한 최적의 Interface 방안을 수립하여 다양한 내·외부 시스템과의 효과적인 연계를 진행하여 기존 시스템의 자원 활용률을 높일 수 있도록 하였다.

전자구매 시스템 To-Be 시스템 Architecture

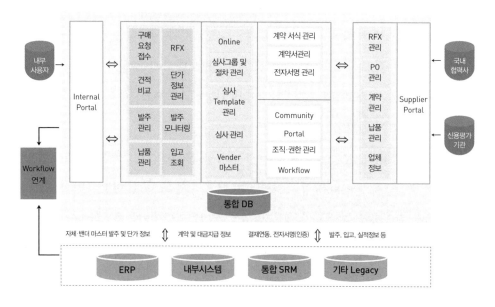

[그림2-22] 시스템 구성도_전자구매

전자전표 시스템

수작업 전표의 여러 이슈들(작업시간 증가, 증빙 및 전표관리 비효율성 등)로 인해 시스템 구축이 필요하였고, 법인세법과 부가세법 등 관련 세법의 전자전표 구현이 가능하도록 개정됨에 따라 전표처리 프로세스를 개선해야 했다. 또한 입력 오류 감소, 예산관리 기능 강화 등을 위해 대기업들이 이미 전자전표 시스템을 구축하고 있는 상황이었기 때문에 포스코에너지는 이러한 상황의 개선점 마련을 위해 전자전표 시스템을 구축하였다.

전자세금계산서 관련 법령규정에 따라 전자전표 유통회사는 국세청의 승인을 받아야 하며, 공인세금계산서의 유통과 국세청과의 연계를 위하여 국세청 홈페이지 또는 전자세금 계산서 시스템사업자(ASP)시스템이 사용되었다. 국내외 많은 거래처와의 세금계산서 거래를 위해 국세청 DB 활용은 필수적이다. 따라서 과세유형 정보 파악 및 자동 DB 저장기능, 세금계산서 상태 파악 및 취소 등 여러 기능이 필요하였고, 그에 맞는 시스템을 구축하였다. [그림2-23]은 전자전표 시스템 구성도이다.

[전자전표 시스템]

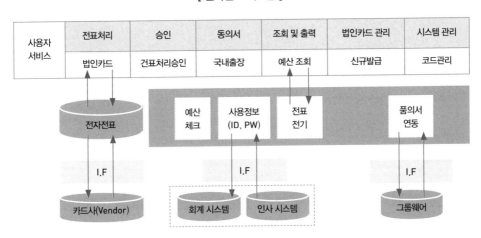

[그림2-23] 시스템 구성도_전자전표

총무지원 시스템

기능별 업무 프로세스 표준화, 쉽게 활용할 수 있는 Infra 구축, 신청업무 프로세스 간소화를 통한 처리시간 단축 등을 위해 혁신과제 19번인 'One-Stop Service'를 제공할 수 있는 총무지원 체계 구축이 제기되었다.

총무지원 시스템의 경우 총무신청 업무의 통합 및 프로세스 간소화가 필요했던 상황이었다. 때문에 자사의 업무 프로세스를 시스템적으로 가장 잘 반영하기 위해서 In-House 개발로 총무지원 업무 만족도를 향상시키고자 하였다. [그림2-24]는 Non-ERP 중 In-House 개발로 진행된 총무지원 시스템 구성도이다.

[그림2-24] 시스템 구성도_총무지원

도면정보 시스템

당시 포스코에너지는 다양한 사업군(메가 프로세스)에서 도면정보를 사용하고 있어 통합 도면정보 프로세스 정립 및 시스템 구축이 필요하였다. 따라서 전사표준 프로세스 적용이 가능한 도면정보 솔루션 도입을 검토하였고, 기술정보의 효과적인 활용과 핵심 기술의 보안을 강화하기 위한 시스템 구축을 진행하였다.

도면정보 시스템의 경우 구현방안별 기능 및 구축에 필요한 소요기간과 비용의 분석결과, 3rd Party 솔루션 도입이 효율적이었다. 따라서 전사 현업 요구사항 조사 후 개선안을 마련하고, 전사표준 도면정보 프로세스를 적용하여 [그림2-25]와 같은 도면정보 시스템 구성도를 설계하였다. 그 결과 도면정보 효율화 및 도면보안 강화, 3D 기반의 도면 활용 및 스마트 업무환경 개선, 설비와 연계한 도면 분류체계 정립 및 사용자 편의성 향상을 기대할 수 있었다.

도면정보 시스템 요구기능(전사 현업 Need 조사 및 반영)

접수·등록 기능	Revision 기능	보안·권한 기능	활용 편의성
■ 도면 제출, 등록 ■ 제작사 도면 등록 ■ 지술자료 등록 ■ 사용 중인 설계시스템과 호환 　AUTOCAD. CATIA. NCIS. 　SOLIDWORKS. 3D 도면 등	■ Revision 요청, 승인 ■ Revision 실시 ■ Revision 이력확인 ■ Site·제품별 이력관리	■ 도면분류, 보안등급별 관리 ■ 접속 및 출력 이력관리 ■ 권한설정 및 승인. 결재 ■ 도면 등급별 활용제한	■ 검색, 열람, 출력 활용 편의 ■ 출력승인 프로세스 ■ System back up 기능 ■ 유지보수의 용이, 신속대응

도면정보 시스템 구성도

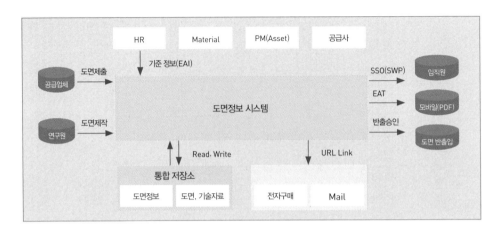

[그림2-25] 시스템 구성도_도면정보

전사 표준관리 시스템

　PI를 통해 업무는 가시화되고 표준이 작성되었으나, 표준을 담고 유지할 시스템이 없는 상황이었다. 따라서 '표준의 작성, 표준대로의 업무, 표준을 통한 업무 개선'이 전산화를 통해 실현되어야 할 필요가 있었다. 이에 표준의 활용도가 높아지고 표준이 업무의 기준이 될 수 있는 표준관리 전산화 구축이 제기됨에 따라 IT 솔루션 업체를 선정해 전사 표준관리 시스템을 구축하였다. 표준작성 부서에서는 To-Be 프로세스 리스트 및 Task 맵 작성 → 표준관리 시스템 사용법 교육 → 표준관리 시스템에 업무 표준 반영(업무기준, 작성 샘플 등) → 업무 변경에 따른 표준개선을 실시하였다. 또한 [그림2-26]의 전사 표준관리 시스템 구성도에서 볼 수 있듯이 업무수행, 업무지원, 업무개선이 업무 사용자 관점에서 효과적으로 수행될 수 있도록 구성하였다. ERP 및 웹 기반의 기존 시스템과의 연동도 가능해 담당자별 업무 및 관련 표준을 One-Click으로 제공할 수 있도록 구성하였다.

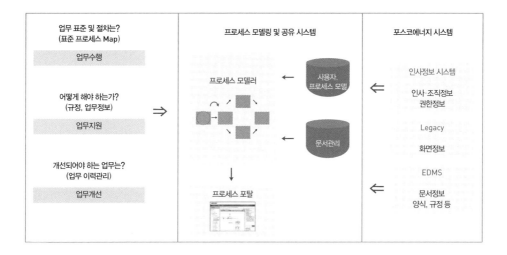

[그림2-26] 시스템 구성도_표준관리

Non-ERP에서 조업실행 시스템, 운전정보 시스템, 전력거래 시스템은 시스템 고도화 작업으로 진행되었고, [그림2-27]은 그 내용을 보여주고 있다.

메가	No-ERP 솔루션	시스템 구축개요
연료전지	조업실행 시스템	조업실행 시스템 고도화를 통하여 ERP와의 연계 기능 추가 및 바코드 기능 추가를 통한 전체시스템 신뢰도 제고
발전사업 연료전지	운전정보 시스템	시스템 고도화를 통해 발전정보 ERP 연계 기능 추가 및 연료전지 스택품질 모니터링을 통한 선제대응 체계 수립
발전사업	전력거래 시스템	전력매출 거래내역의 ERP 연계 기능을 추가하여 자동화된 ERP 매출처리 프로세스 수립

[그림2-27] Non-ERP 시스템 도입현황_고도화

조업실행 시스템

혁신과제 7번인 '연료전지 단위 작업별 순작업시간 측정을 통한 낭비요소 발굴 및 개선'을 위해 ERP PM(설비관리) 모듈과 연계한 조업단위 실적 관리 체계 적용 및 ERP와의 Interface 기능도 추가적으로 진행하였다. 연료전지사업에서는 [그림2-28] 과 같은 조업실행 시스템 고도화를 통해 ERP와의 연계 및 바코드 기능 추가를 통한 전체 시스템 신뢰도 향상을 기대할 수 있었다. PP(생산관리)는 ERP와 조업실행 시스템에서 Interface 할 수 있어 실적관리를 효과적으로 진행할 수 있었다. MM(구매관리) 모듈의 납품서 업무는 구매 납품서 번호를 이용하여 납품내역 출력 정보가 ERP로 전송되고, 전송된 납품번호를 이용하여 납품내용을 조업실행으로 복사할 수 있게 시스템을 구성하였다. 그리고 바코드 시스템 기능 구축을 통한 정확한 실적 처리 및 Tracking 관리가 가능해져 '연료전지 단위 작업별 순작업 시간 측정을 통한 낭비요소 발굴 및 개선'을 마련할 수 있게 되었다.

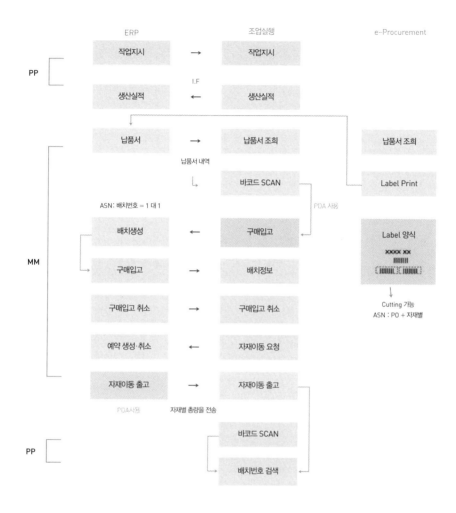

[그림2-28] 시스템 구성도_조업실행

운전정보 시스템

발전사업의 경우 일 단위 생산 실적처리와 표준 원단위 관리를 위한 화면 개발 및 Interface를 통해 고도화하였다.

연료전지 시스템의 고장 및 품질이슈를 신속하게 대응하기 위해 다수의 연료전지 시스템을 체계적이고 효율적으로 관리해야 하는 필요성이 제기되었다. 또한 고장 및 품질 주요인자 모니터링, 이상 징후 감지 및 사전경보를 통해 제품 안정도 향상이 필요하였다. 따라서 이 부분의 개선안 마련을 위해 연료전지 분석 및 성능관리의 표준 시스템이 되고, ERP 구현 항목(점검, 정비, 이력관리)에 도움이 되도록 시스템 고도화 작업이 진행되었다.

당시 발전소에서는 발전 운전현황, 발전성능, 주요인자 모니터링 및 관리선 등을 운전정보 시스템으로 관리하고 있었다. 하지만 연료전지는 운전정보 시스템이 Data 저장 및 전체 운전현황 모니터링용으로만 관리되고 있어서 활용도가 저조하였다. 따라서 발전소와 연료전지 운전관리 시스템 전사 통합 운영을 고려(관리 일원화 및 효율적인 운영)하여 시스템 고도화를 통한 운전정보 시스템을 구축하였다. 개발방안은 이미 구축된 운전정보 시스템을 활용한 웹 개발로 진행하여 기존 하드웨어 자산이 최대한 활용될 수 있었기 때문에 투자비용을 최소화할 수 있었다. [그림2-29]는 운전정보 시스템 구성도이다.

과거에는 고장 및 품질 이슈 발생 후 이력 및 운전 Data 분석이 가능했는데, 시스템 고도화 이후에는 품질 주요인자 모니터링을 통한 고장 사전 조치 및 예방이 가능하도록 설계하였다. 또한 ERP에서 관리하는 Data 중 운전관리 시스템에서 필요한 Data는 중복으로 관리하지 않고 직접 ERP Data를 조회하여 Interface를 최소화했고, 향후 연료전지 시스템 추가 설치, 품질인자 추가 등을 고려하여 확장 및 수정이 용이하도록 시스템을 설계하였다.

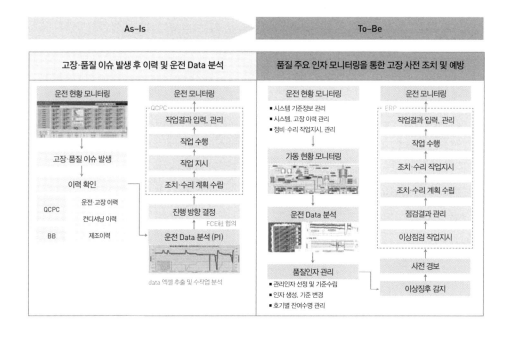

[그림2-29] 시스템 구성도_운전정보

전력거래 시스템

당시 전력거래 시스템은 입찰, 정산, 분석의 과정에서 수작업으로 진행되는 부분이 많았다. 따라서 '전력판매 프로세스 개선 및 전력시장 규칙개정을 통한 수익 증대'를 위해 [그림2-30]과 같은 전력거래 시스템을 개선하였다. 전력매출 거래내역의 ERP 연계 기능을 추가하여 자동화된 ERP 매출처리 프로세스를 만들었고, 전력거래정보 ERP Interface, PPA 거래내역 정보 기능도 구현할 수 있도록 시스템 구성도를 만들었다. 즉, 매출정보 ERP 연계 및 혁신과제 수행을 위한 시스템 기능 추가 개발을 통해 시스템 고도화 작업이 진행되었다.

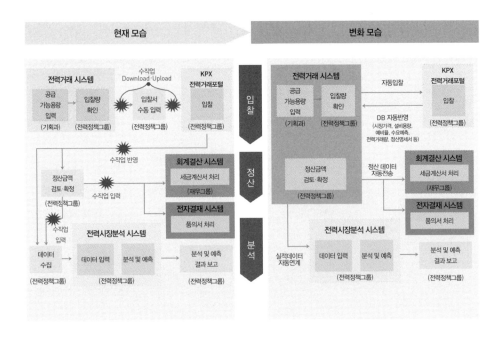

[그림2-30] 시스템 구성도_전력거래

2.4.3 기준정보 Conversion

구축 단계에서의 기준정보 표준화는 Data Conversion 전략을 세워서 예전 시스템의 Data를 새로운 시스템으로 옮기는 것을 말한다. Data Conversion 전략은 과거에 사용하던 시스템에 있는 Data를 어떤 기준으로 옮길 것인가가 중요하다. 또한 과거의 시스템과 새로 도입되는 시스템은 체계가 다르기 때문에 Data를 옮길 때 다른 체계를 어떻게 맞출 것인가도 중요한 이슈였다.

ERP의 성공적인 구축과정에는 예전 ERP 시스템에서 사용하던 Data를 신규로 도입되는 ERP 시스템으로 잘 옮기는 것이 필수적이었다. 따라서 구축 단계에서는 기준정보 표준화를 위해 업무의 연속성, 이력관리, 오픈 Data를 고려한 Conversion 전략을 수립하였다.

과거 시스템에서 진행했던 업무를 새로운 시스템에서의 업무에 그대로 적용하기 위해서는 Data Conversion이 잘 되어야 하고, 이때 불필요한 Data는 Data Cleansing 을 통해 삭제함으로써 시스템 변화에서도 업무의 연속성을 유지할 수 있었다.

과거의 이력 Data가 없으면 새로운 시스템에서 업무를 진행할 수 없다. 예를 들어, 예방정비는 설비를 정비한 과거 Data를 기반으로 정비를 수행해야 하는데, 이 부분에 대한 Data Conversion이 잘 진행되지 않으면 새롭게 도입되는 시스템에서 설비를 정비한 과거 Data를 토대로 예방정비를 하는 게 불가능하다. 또한 Account 의 경우 과거 시스템에서 사용하던 코드체계와 새로운 시스템에 맞는 코드체계를 잘 맞게 Open Data를 변환해서 이행해야 업무의 연속성이 가능하다. 따라서 Data Conversion 전략은 업무의 연속성을 위해 중요한 것이고, 이를 잘 수행해야 새롭게 도입되는 시스템에서 Data를 효율적으로 활용할 수 있다.

2.4.3.1 Data Conversion 전략 수립

Data 이행은 새롭게 도입되는 ERP 시스템 업무체계로의 Data 전환이 진행되는 것을 말한다. 업무의 연속성을 유지하기 위하여 기존에 사용하던 Data를 새롭게 도입되는 ERP 시스템에서의 표준과 Value에 맞춰가는 것이 중요한 이슈였다. 따라서 어떤 Data를 어떤 기준으로 새롭게 도입되는 ERP 시스템에 Data를 이행할 것인지, 단계별로 중요한 프로세스가 필요하였다. Data 이행 과정은 [그림2-31]과 같다.

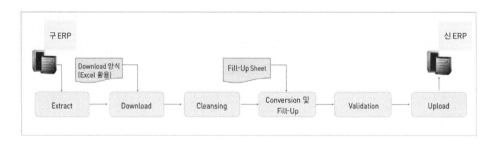

[그림2-31] 이행 로드맵

① Extract : 기존 ERP 또는 기존 시스템(엑셀 등 문서 포함)에서 해당 범위의 기준 정보를 조건에 맞도록 추출하는 작업

② Download : Extract를 통해 정해진 양식에 맞게 File(보통 엑셀)로 구성하여 PC 등에 생성하는 작업

③ Cleansing : Download 받은 File을 이용하여 중복, 삭제, 표기기준 등을 정비하는 작업

④ Conversion 및 Fill-Up : 신구 코드 변환 및 필요 값에 대한 내용을 정해진 규칙에 따라 채우는 작업

⑤ Validation : Fill-Up Sheet에 작성된 내용을 검증하는 작업

⑥ Upload : Fill-Up이 완료된 File을 대상 시스템에 등록하는 작업

Data 구분 및 이행 대상선정

Data 이행은 Master Data와 Transaction Data로 구분하며, 세부적으로 Master Data는 전사 Master와 모듈 Master로, Transaction Data는 Open Data · 기초

Data · History Data로 구분된다. 이때 이행 대상선정은 현업에서 진행하였다.

Master Data는 업무처리를 위해 기준이 되는 Data이고, Transaction Data는 Master Data를 참조하여 업무를 수행하면서 발생되는 Data이다.

Master Data

- 전사 Master

  · ERP Transaction마다 기본정보를 활용, 전사적으로 정의 및 활용되는 Data

  · Material, BOM, Routing, Vender, Customer, G.L Account, Equipment

  · 이행 대상에 해당됨

- 모듈 Master

  · 각 모듈에서 Transaction을 일으키기 위해 사전에 관리되어야 하는 Master 정보

  · Work Center, Cost Center, Price, Source List, Project 등

  · 이행 대상에 해당됨

Transaction Data

- Open Data

  · 진행 중인 Data로 Go-Live 시점부터 업무를 지속하기 위해 필요한 Transaction Data

  · 진행 중인 Sales Order, 구매 Order, 생산 Order 등

  · 이행 대상에 해당됨

- 기초 Data

  · Transaction Data의 처리 결과로서 Go-Live 시점의 기초 재고, 기초 잔액(Initial

Balance)이며 전월 결산 Data

· 재고량, 계정별 잔액

· 이행 대상에 해당됨

- History Data

· 신규로 도입되는 ERP Open 이전에 발생하여 종결 처리된 Transaction Data

· 법적 요구 사항 필요 Data, 퇴직자 재직 · 경력 · 급여 증명 내역

· 이행 대상에 해당되지 않음(단, 업무처리상 연속성을 보장해야 하는 대상에 국한하여

협의 후 이행 대상으로 선정)

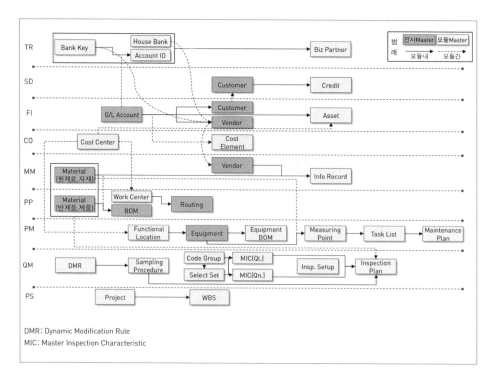

[그림2-32] Maser Data 이행 Dependency

2.4.3.2 Data 이행 계획 수립

Data 이행을 정확하게 하기 위해서는 이행 준비, Fill-Up & Test, Cut-Over 단계에 맞는 전략이 필요하다. 따라서 이행 준비 단계에서는 이행 계획, 모듈별 상세계획 수립, 이행 실행 프로그램을 개발하였다. 이행 계획 수립 후 모듈별 상세계획 수립 과정에서는 이행 대상 및 범위선정, 이행 기준 및 고려사항, Fill-Up Sheet 정의, 일정계획 및 검증 방안 등을 점검하였다. 그리고 프로그램 개발 단계에서는 새롭게 도입하는 ERP Upload 프로그램을 개발하고, 테스트를 하면서 이행에 대한 준비를 진행 하였다.

Fill-Up & Test 단계에서는 현업의 Fill-Up Sheet 작성내용을 바탕으로 통합테스트 일정에 따라 이행테스트를 실시하고, Data 정합성을 검증하였다. 이때 현업 담당자를 대상으로 Fill-Up Sheet 작성방법 교육을 실시하였고, 추진반과 현업의 역할분담 하에 Fill-Up 작업을 진행하였다.

Cut-Over 단계에서는 새로운 ERP 시스템으로의 전환을 준비하는 마지막 단계로서 이행이 수행되었다. 이때 업무의 연속성을 위해 현업부서에서는 기존 시스템의 사전마감과 결산 Data 확정을 한 후 이행을 하였다.

이행은 각각의 테스트 단계에서 진행되는 테스트용 Data 이행을 통해 Data의 정합성을 확인한 뒤, Cut-Over단계에서 최종적으로 실재 이행을 진행한다. 각 단계에 맞는 이행 범위는 [그림2-33]과 같다.

첫 번째 테스트 단계인 결합테스트에서는 새롭게 구축되는 시스템의 기능을 확인하는 과정으로, 연료전지 고객설비를 제외한 Master Data(도면 제외)를 사용하였고, Transaction Data는 모듈별로 자체 실행하였다.

1차 통합테스트 단계에서는 Master Data 전체를 사용하였고, Transaction Data는 모듈별로 자체 실행하였다.

2차 통합테스트 단계에서는 Master Data 전체를 사용하면서 도면 Data도 사용하였고, Transaction Data는 Open 및 기초 Data 전체를 사용하였다.

운영테스트 단계에서는 Master Data 전체를 사용하였고, Transaction Data는 2014년 5월 말 결산 기준 Open 및 기초 Data를 가지고 진행하였다. 그리고 주요 Master Data는 Cut-Over 수행 이전에 이행하고, Cut-Over 단계에서의 Transaction Data는 2014년 6월 말 결산 기준 Open 및 기초 Data를 사용하였다.

단계	주요 Migration 범위		Client
	Master Data	Transaction Data	
결합테스트	연료전지 고객설비를 제외한 전체 마스터데이터 (도면 제외)	모듈별 자체 실행	310
1차 통합테스트	Master Data 전체	모듈별 자체 실행	320
2차 통합테스트	Master Data 전체 (도면관리) 도면 Data	Open 및 기초 Data 전체 (전자조달) 계약 관련 Open Data : 100 %	330
병행테스트	Master Data 전체	2014년 5월 말 결산 기준 Open, 기초 Data : 100 %	110
Cut-Over	주요 Master Data에 대해서는 Cut-Over 수행 이전에 이행	2014년 6월 말 결산 기준 Open, 기초 Data	100

[그림 2-33] 각 테스트별 이행 계획

[그림2-34]는 첫 번째 테스트 단계인 결합테스트 단계에서 진행하였던 Data 이행 계획 및 Dependency이다.

모듈	1월 27일	1월 28일	1월 29일	1월 30일	1월 31일	2월 3일	2월 4일	2월 5일	2월 6일	2월 7일
								전사 Master	모듈 Master	기초
FI	G.Account	Customer / Vendor	Customer							
TR	Bank Key	House Bank / Account ID	Biz Partner							
CO	Cost Center / SKF	Cost Element / Activity Type						표준원가 계산		
SD			Customer / Credit	설 연휴						사전 점검
MM	Material (원재료,자재)		Vendor / Source List / Info Record						테스트용 기초재고	
PP	Material (반제품, 제품)	BOM / Work Center / Prod· Version	Routing / Service Master							
PM			Functional Location			Equipment	Equipment BOM	Task List / Measuring Point	Maintenance Plan	
QM	Sampling Procedure	Code Group / Select Set	MIC(Ql.) / MIC(Qn.)			DMR	Insp·Setup / Inspection Plan			
PS		Project	WBS							

※ Open, 기초 Data에 대한 이행은 결합테스트에서는 실시하지 않으며 모듈이 자율적으로 이행함
  SKF: Statistical Key Figure(배부적수)
  DMR: Dynamic Modification Rule
  MIC: Master Inspection Characteristic

[그림 2-34] 결합테스트용 이행 계획 및 Dependency

[그림2-35]는 운영테스트용 Data 이행 결과(2014.5.30 기준)인데, 그 당시 진행했었던 MM(구매자재) 모듈의 Open Data 중 PR, PO, Undelivered와 기초 Data의 기초재고(원재고, MRO), History Data의 자재 입·출고 내역은 Data 이행이 완료되지 않고 진행 중인 상태를 보여주고 있다. 이 부분은 6월 초에 모두 이행되었다.

●   ●   ●
완료   진행중   미완료

모듈	Data 유형	Data	이행 결과	이행 건수	소요 시간	작업 및 계획 내용
SD	Master	Customer	●	51	30분	사업자등록번호 중복 제외 (중부발전 서인천본부)
		Credit	●	23	30분	
		HR Master	●	1,105	1일	Cost Center불일치(인사, 재무)로 확인시간 소요
	Open	Sales Plan	●	12,147	60분	
		LTSA Billing Plan	●	52	10분	
MM	Master	Material(원재료,자재)	●	18,338	3시간	연료전지 임가공 Ass'y Material Type 이행 오류
		Service	●	12,623	2시간	중복 Data 제거
		Vendor	●	1,595	1시간	중복 Data 제거, Payment terms, 은행계좌 누락
		Source List	●	140	1시간	
		Info Record	●	11	1시간	
	Open	Contract	●	84	1시간	
		PR	●			6/1 이행 예정
		PO	●			6/1 이행 예정
		Undelivered	●			6/2 이행 예정
	기초	기초재고(원재료,MRO)	●			6/1 이행 예정
	History	자재입출고 내역	●			6/11 이행 예정
PP (연료전지)	Master	Material(반제품,제품)	●	32	1시간	
		BOM	●	1,212	1시간	
		Routing	●	354	1시간	

[그림 2-35] 운영테스트 Data 이행 결과

2.4.4 경영정보 시스템 구축

경영정보 시스템 구축을 위한 현행업무 분석은 현업 관리자 및 실무자 인터뷰와 서면조사를 병행하여 수행하였다. 또한 이를 바탕으로 새롭게 도입되는 ERP가 아닌 Non-ERP 시스템 구축으로 의견을 수렴하고, 솔루션 선정 기준과 시스템 구축 방향성을 결정하였다.

직접 현장을 방문하여 실무자들과의 인터뷰를 수행한 결과 공통적으로 정보에 대한 공유의 범위, 접근성, 정합성, 분석업무 지원기능 부족을 업무상의 어려움으로 지적하였으며, 개선이 필요하다고 응답하였다. 인터뷰를 통해 현행 업무 방법을 파악함과 동시에 현재 실무자들이 제기하는 이슈와 그에 따른 근본원인을 파악하였다. 그 결과 '정보공유 부족에 따른 업무 비효율 발행'이 가장 큰 이슈임과 동시에 원인으로 밝혀졌다. 이러한 과정을 통해 수기로 생성되는 원천 Data를 관리할 시스템 구축의 개선방안이 마련되었다. 실무자 인터뷰 과정에서 경영정보 시스템 구축 시 고려할 요구사항은 솔루션 선정기준과 시스템 구축 방향성 설정에 반영되었다.

- 수요가 많은 정보들은 실시간으로 조회가 가능한 환경 구축 필요(환율, 매출, 인원 수, 부서 예산현황 등)
- Data의 정합성 확보
- 담당자의 변경과 관계없이 항상 일정한 보고 양식
- 각각의 실무자들이 개별적으로 보관하고 관리하는 보고서들을 쉽게 공유할 수 있는 환경
- EP(SWP) 로그인 후에 별도의 단계를 거치지 않고 EIS에 접근할 수 있는 환경

(경영진의 활용도 제고 목적)

- 경영정보 시스템의 초기 화면 개인화

- 시스템 화면 Data와 엑셀의 완벽한 연동

- 정보 공유 및 정보보안도 중요성 제기

- 시스템 오픈 후 확장성

경영정보 시스템은 주 사용자를 기준으로 ① 경영진을 위한 EIS(Executive Information System), ② 관리자 목적의 DW(Data Warehouse) 리포트, ③ 실무자 중심의 OLAP(On-line Analytical Processing) 3가지 기능으로 차별화하여 구축하였다.

경영진의 EIS는 상시적인 경영현황 파악과 주요 핵심 정보의 전사 공유를 위해 웹 환경으로 구축되었으며, KPI 중심의 Dashboard와 주제 영역별 웹 리포트, 그래프, 도표 등 시각적 효과를 거둘 수 있도록 구성하였다. 관리자 목적의 DW는 부서의 정기보고서 작성을 위한 용도로 활용되는 것으로, 사전에 정의된 정보요건에 따라 미리 쿼리를 생성하여 리포트 작성 필요 시 쿼리 실행이 가능하도록 했고, 엑셀환경(필요 시 웹 가능)으로 사용할 수 있게 구현하였다. 실무자 중심의 OLAP은 Spot성 보고서 작성 요청 대응과 특정 사안에 대한 원인분석을 위한 상세 Data 조회의 용도로 활용할 수 있도록 했고, 원하는 정보를 필요 시 사용자가 직접 Data 조회, 분석, 보고서 생성이 진행될 수 있도록 하였다. 또한 엑셀환경(필요 시 웹 가능)으로도 사용할 수 있게 하였다.

2.4.4.1 경영정보 구현 대상 선정

Master Plan 단계에서 수행한 Top-Down VOB 청취, CAM 진단 및 Bottom-Up 이슈 분석 결과 공통적으로 경영정보 시스템 구축의 필요성이 제기되었다.

[그림2-36]과 같이 임원 및 실무진의 As-Is 분석결과 회사의 경영정보를 실시간 으로 조회할 수 없고, 주기별 결산 이후 경영정보를 제공받게 되며, 경영정보 제공을 위한 작업 시간이 많이 소요되었다. 따라서 이를 개선하기 위해 의사결정을 지원하 는 경영정보를 실시간으로 제공해야 할 필요가 있었다. 또한 DW구축을 통한 다양 한 분석정보 제공이 필요하고, 분석에 필요한 정보가 어디 있는지 잘 모르는 상황이 발생되며, 시스템에 의한 분석이 아닌 전산팀의 도움을 받아 분석 작업이 진행되는 As-Is 개선을 위해서 최종사용자 중심의 분석정보 제공이 요구되었다. 그 결과 As-Is 분석과 개선기회를 통해 '임직원이 필요한 정보를 언제, 어디서라도 즉시 제공하 기 위한 경영정보 시스템 구축'의 혁신과제를 도출하게 되었다.

의사결정을 지원하는 경영정보 실시간 제공의 개선기회를 위해서는 'EIS 구축', 최종사용자 중심의 분석정보 제공의 개선기회 구현을 위해서는 'Data Warehouse 및 End User Computing 환경 구축'이 제기되었다. 즉, 경영정보 시스템은 시스템 활용 도, 사용자 편의성, Data 신뢰성에 대해 EUC(End User Computing) 개념을 최우선으 로 고려한 구축이었다.

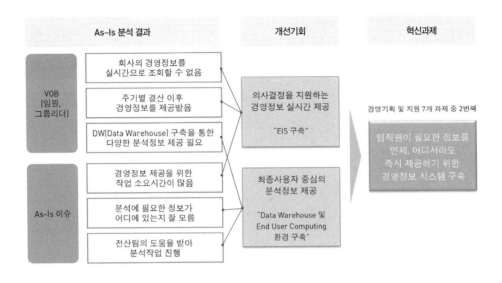

As-Is 분석 결과　　　　　　　개선기회　　　　　　　혁신과제

VOB
(임원,
그룹리더)

- 회사의 경영정보를 실시간으로 조회할 수 없음
- 주기별 결산 이후 경영정보를 제공받음
- DW(Data Warehouse) 구축을 통한 다양한 분석정보 제공 필요

의사결정을 지원하는
경영정보 실시간 제공

"EIS 구축"

경영기획 및 지원 7개 과제 중 2번째

임직원이 필요한 정보를
언제, 어디서라도
즉시 제공하기 위한
경영정보 시스템 구축

As-Is 이슈

- 경영정보 제공을 위한 작업 소요시간이 많음
- 분석에 필요한 정보가 어디에 있는지 잘 모름
- 전산팀의 도움을 받아 분석작업 진행

최종사용자 중심의
분석정보 제공

"Data Warehouse 및
End User Computing
환경 구축"

[그림 2-36] 임원 및 실무진의 요구사항 분석

2.4.4.2 지표 정의서 작성 및 Interface 요건 정의

EIS는 경영진의 의사결정에 필요한 각 영역별 KPI를 중심으로 정보를 제공하며, 그중 모니터링 주기와 정보의 중요도를 기준으로 선정된 KPI를 Dashboard를 통해 제공하고자 하였다. 단일화된 KPI 관리 체계가 그동안 없었기 때문에 다양한 목적을 위해 전사적으로 관리되는 KPI 조사를 우선적으로 해야 했는데, 그 결과 Dashboard 구성을 위한 To-Be KPI 정의안은 ① 명확한 산출기준이 있어야 하며, ② 산출을 위한 기초 Data를 시스템에서 추출할 수 있는 것으로 선정하였다.

[그림2-37]은 당시 KPI 관리 현황이다. CEO Dashboard는 핵심결과지표(매출액, 영업이익, ROE), 시장환경(SMP가격, LNG가격), 경쟁상황(LNG 발전 급전 순위, LNG 발전 점유), 재무구조(차입금, 부채비율, DEBT 및 EBITDA, 투자비, 현금시재), 운영·역량(원가

절감액, 직원 수), 리스크관리(투자비 및 FCF, 재해 및 중대재해, FCE월평균주가), 자회사 성과(적자법인인수 및 전체자회사, 주요사 영업이익), 전략과제(연료전지매출액, 영업이익) 등이 가능하도록 기획하였다.

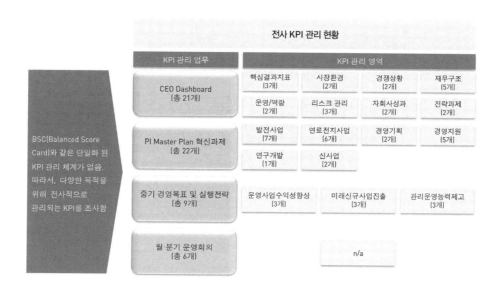

[그림2-37] 지표 정의서

경영정보 시스템은 정보계 시스템으로, 거래처리 목적의 운영계 시스템에서 필요한 Data를 추출, 변환, 적재하는 과정을 거쳐 경영진을 포함한 사용자들에게 Web 리포트, DW 리포트, OLAP 기능을 제공할 수 있도록 하였다.

- 필요 Data 추출 : 운영계 시스템(OLAP)

  · 운영계 시스템에서 주기적 또는 실시간으로 Data 추출

- 추출된 Data 적재 : Data Warehouse

  · 추출된 Data를 주제별로 구성된 저장소에 적재함

- 분석실행 : Presentation & Reporting

  · Web 및 DW 리포트, OLAP을 분석 도구로 활용

  · Web 및 DW 리포트는 경영층과 관리자를 위해 시각적으로 효과가 우수한 정형화

  면으로 구성되며, 실무진은 OLAP을 통해 직접 리포트를 생성

2.5 테스트

발전소를 건설하고 시운전을 하여 장착된 기계들이 제대로 그 기능을 수행하는지 마지막 점검을 하는 것과 마찬가지로 도입된 시스템은 반드시 여러 차례의 반복 테스트를 거쳐야 한다. 전사적 차원의 통합테스트는 새롭게 도입하는 시스템에 대한 기능의 완결성, Data 정합성, 성능, 최종 사용자의 운영성 등을 점검하고, 실제 가동에 들어가기 위한 제반 준비 작업을 완료하는 단계에서 시행된다. 이 단계에서는 비즈니스 시나리오를 기반으로 한 반복적인 테스트를 실시하는데, 초기에는 4개월의 테스트 기간을 설정하였지만 보다 안정적이고 완성도 높은 시스템 가동을 위해 1개월을 추가하여 총 5개월을 테스트 기간으로 최종 확정하였다.

포스코에너지의 전체 업무를 다양한 경우의 비즈니스 시나리오 단위로 정의하고, 각 테스트 단계에서 반복 수행하였다. [그림2-38]은 결합테스트, 1차 통합테스트, 2차 통합테스트, 운영테스트의 총 4단계로 설정된 테스트 과정을 보여준다.

테스트 단계에서는 시스템 가동 시의 모든 위험 요소를 사전에 제로화하고, 비즈니스 시나리오별 오너십 부여 및 현업 참여의 테스트 추진 체제를 구성해서 운영하였다. 또한 테스트 가이드라인을 작성해 전사적인 교육을 진행하면서 앞에서 제시된 총 4단계의 테스트를 계속 반복하는 것이 중요한데, 각 단계에서는 사전에 작성된 시나리오를 통해 테스트를 진행하였다. 나아가 그 결과에 대한 이슈 분석과 해결 방안을 도출함으로써 시스템 가동 전 기능의 완결성, 정합성, 성능의 정확도를 극대화시킬 수 있었다.

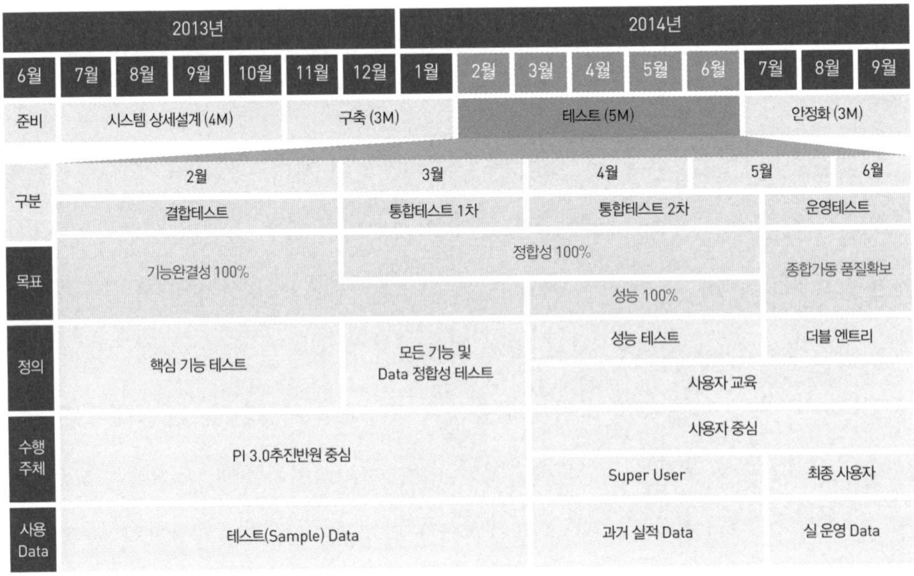

[그림 2-38] 테스트 단계 일정표

184

2.5.1 테스트 단계 개요

혁신은 점진적인 변화가 아니라, 기존의 틀을 완전히 바꿔 새로운 변화를 추구하는 것이다. 따라서 PI를 통해 변화된 모습을 체크하는 테스트 과정은 필수적이다. 프로젝트 과정에서 시스템의 테스트를 소홀히 하여 변화된 모습이 제대로 이행되지 않는다면 많은 인력과 시간, 비용을 들여 전사적으로 구축해 놓은 시스템이 무용지물로 전락할 수도 있다. 체계적인 테스트를 통해 시스템의 안정성과 이상 유무를 검증받은 후에야 성공적인 운영이 보장된다. 특히 ERP 통합시스템은 실제 운영 단계에서 발생할 수 있는 모든 상황을 업무 프로세스별, 사용자별, 모듈별 등으로 나눠 체계적으로 진행해야 한다. 따라서 테스트를 진행하는 과정에서 각 부문 간 협조와 신속한 의사 결정이 무엇보다 중요하다.

포스코에너지에서 진행한 테스트는 Data 이행을 비롯해 결합테스트, 1차 통합테스트, 2차 통합테스트, 운영테스트 순으로 이뤄졌다. 결합테스트는 PI3.0추진반에서 20개의 시나리오를 가지고 핵심 기능을 중점적으로 점검하는 과정이다.

결합테스트 다음 순서인 1차 통합테스트에서는 32개의 시나리오를 가지고 모든 기능과 Data의 정합성을 확인하였고, 총 141개 Master Data를 통해 테스트를 진행하였다. 2차 통합테스트부터는 ERP 교육을 받은 현업 종사자들이 참여하게 되는데, 이 단계에서는 기능뿐만 아니라 과거 실적 Data를 가지고 시스템의 성능 테스트도 동시에 실시하였다. Master Data, 도면 Data, Open Data, 기초 Data 등 전체 Data를 넣어서 시스템의 성능을 다시 확인하는 것이 이 단계의 주된 목적이다. 운영테스트에서는 기존에 사용하고 있는 ERP와 신규로 도입되는 ERP에 각각 Data를 넣어 테스트를 진행하는데, 이것을 Double Entry라고 한다. Double Entry의 목적은 실 가동상태에서 새로운 시스템을 현업 종사들이 무리 없이 사용하고, 포스코에너지가 원하는 결과가 실제로 도출되는지를 점검하는 것으로, 시스템의 운영성을 확인하기 위함이다. 이때 사용하는 Data는 5월 말에 결산된 Data인데, 시스템 가동시점인 7월 이전의 시스템 가동 시와 똑같은 상황에서 Data를 가지고 테스트를 진행할 수 있도록 현업 종사자 전체를 대상으로 진행하였다.

테스트는 ERP 통합시스템이 포스코에너지에서 구현하고자 하는 상황에 맞게 잘 구현되는지를 시스템 가동 전에 최종적으로 확인하는 과정이다. 시스템 가동 시 모든 위험을 최소화하고, 도면관리와 총무지원처럼 선 가동할 수 있는 부분은 최대한 빨리 가동하여 조기 안정화할 수 있도록 하였다.

2.5.2 비즈니스 시나리오 정의

업무 영역과 업무 처리 유형별로 그룹핑하여 통합 비즈니스 시나리오를 설정(총 32개)하고, 모듈 내 업무 처리 유형별로 모듈 비즈니스 시나리오를 설정(총 65개)하여 테스트를 진행해야 한다. 테스트 시나리오는 단계별로 통합됨과 동시에 상황에 맞는 시나리오를 추가적으로 발굴하여 테스트 진행에 확대 적용하는 것이 중요하다.

통합시스템의 핵심기능인 표준원가 계산, Order to Cash(주문-생산-출하-매출), Procure to Pay(구매-대금지급), 정비작업에 대해 결합테스트 단계에서는 핵심기능 중심의 20개 통합 시나리오 테스트, 1·2차 통합테스트에서는 32개의 통합 시나리오 테스트를 하였다. 비즈니스 시나리오 작성 시 검토해야 할 사항은 다음과 같다.

- 시스템 기능의 완결성을 테스트하기 위한 통합

- 시나리오가 작성되었는지 확인

- 시스템이 잘 연결되어 있는지 Interface를 확인

- Data가 제대로 준비되었는지 확인

[그림2-39]에서 (1)은 통합 비즈니스 시나리오, (2)는 모듈 비즈니스 시나리오를 의미한다.

(1) 통합 비즈니스 시나리오 : 총 32개

　· 계획(4) : 전력판매 생산계획, 연료전지 판매계획, 경영계획, Rolling Plan

　· 생산 · 판매(8) : 전력판매, 연료전지 생산, 연료전지 프로젝트 판매 등

　· 구매 · 재고(9) : 정산(임가공), 정산(MRO자재), 정산(서비스 · 용역) 등

　· 설비(7) : 경상정비(직영정비, 입찰외주, 상주외주), 대수리 계획 및 정비 등

　· 프로젝트(3) : 투자계획 및 예산, 신사업개발, 연구개발

　· 결산(1) : 결산

(2) 모듈 비즈니스 시나리오 : 총 65개

　· 영업(8), 구매(10), 생산(10), 품질(7), 설비(11), 원가(4), 프로젝트(1), 자금(9),
　　재무(5)

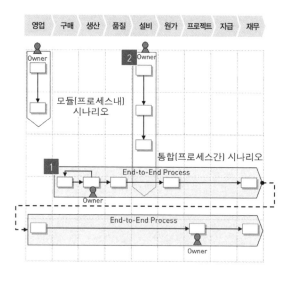

영업 구매 생산 품질 설비 원가 프로젝트 자금 재무

모듈(프로세스내) 시나리오

통합(프로세스간) 시나리오

[그림 2-39] 비즈니스 시나리오 테스트 수행방안

2.5.3 결합테스트

2.5.3.1 결합테스트 계획수립

결합테스트는 핵심기능에 대한 비즈니스 통합 시나리오와 ERP를 포함한 모든 시스템의 모듈을 실시하는 것이다. 여기서 핵심기능이란 표준원가 계산, Order to Cash(주문-생산-출하-매출), Procure to Pay(구매-대금지급), 정비작업을 말한다.

또한 결합테스트는 PI3.0추진반이 20개의 각기 다른 시나리오를 가지고 핵심기능을 테스트하는 것인데, 테스트용 Sample Data를 넣어 보면서 통합시스템 핵심기능의 완결성을 테스트한다.

[그림2-40]은 주요 Milestone으로서 3주간의 비즈니스 시나리오 작성 및 Review

를 통해 결합테스트용 Data Cleansing을 하고, 시나리오 개요 및 결합테스트 Script 작성을 통해 결합테스트용 Data 이행을 진행한다. 이때 사용되는 Data는 Sample Data이며 이 과정을 거친 후, 결합테스트 수행 및 결과서를 작성하고 다음 단계인 1차 통합테스트용 Data Cleansing을 하게 된다.

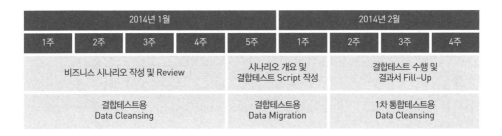

[그림 2-40] 주요 Milestone

[그림2-41]은 테스트의 산출물과 R&R을 보여주는 것으로서 다음 단계의 일정과 수행 주체를 명확하게 했음을 알 수 있다. 산출물을 통해 이슈관리 해결방안을 마련하고 결합테스트의 다음 단계인 1차 통합테스트 단계에서는 시스템 기능 완결성 부분의 문제점을 보완해가며 시스템 가동 시 시스템 기능상의 문제점을 제로화하는 것이 중요하다.

결합테스트 단계에서는 비즈니스 시나리오 리스트, 시나리오 개요, 결합 테스트 결과서의 산출물을 작성한다.

주요업무	산출물	일정	수행주체		
			추진반	Super User, Working Group	ICT
비즈니스 시나리오 List 작성	비즈니스 시나리오 List	1/6 ~ 1/17	○	○	●
비즈니스 시나리오 List Review		1/20 ~ 1/24	●	○	○
시나리오 개요 작성	시나리오 개요	1/27 ~ 2/7	●	○	○
결합테스트 Script 작성	결합테스트 결과서	1/27 ~ 2/7	●	○	○
결합테스트 수행 및 결과서 Fill-Up		2/10 ~ 2/28	●	○	○

[그림 2-41] 산출물 및 R&R

2.5.3.2 결합테스트 시나리오 작성

시나리오가 필요한 이유는 각각의 상황에서 일어날 수 있는 개연성을 사전에 점검해보기 위함이다. 향후 발생할 수 있는 상황을 시나리오를 통해 테스트 단계에서 미리 확인하지 않으면 실제 상황에서 생각지도 못했던 업무 상황이 돌발했을 때 대처 능력이 현저하게 저하될 수 있다. 또한 시나리오는 각 기능과 업무에 대한 메뉴로서, 각 업무가 일관성을 가지고 심화되는 것을 보여준다. [그림2-42]는 결합테스트 시나리오 템플릿의 예인데, 각각의 시나리오에서 규정된 업무가 주관모듈에 맞게 진행되는지 핵심기능의 완결성을 점검했다.

유형	시나리오 그룹	시나리오	시나리오명	Comments	주관 모듈	결합	1차	2차	병행
통합	계획	INT001	전력판매생산계획	판매계획(2Month), 생산계획, MRP	SD	O	O	O	O
통합	계획	INT002	연료전지판매계획	연료전지 기간별 판매계획	SD	O	O	O	O
통합	계획	INT003	경영계획	비용계획, 배부, 구매단가계획, 원가추정	CO		O	O	
통합	계획	INT004	Rolling Plan	비용계획, 배부, 구매단가계획, 원가추정	CO			O	
통합	생산판매	INT101	전력판매 (자체생산)	전력거래 I.F, 생산 및 판매, 대금청구	PP	O	O	O	O
통합	생산판매	INT102	열판매(부산물) Only	열판매(부산물) Only	SD	O	O	O	O
통합	생산판매	INT103	연료~	생산계획+주문, 오더생성, ~BRP, 원자재구매, 임가공, IV.	PP				
			~전지 프로젝트 판매 (설치조건부, FAT)	계획, ~ 대금 청구		O	O	O	O
통합	구매, 재고	INT203	구매 정산_발전 원재료 및 Utillity	발전 원재료 단가 정보관리, 정산 수량 입고, LIV, 대금 지불	MM		O	O	O
통합	구매, 재고	INT204	구매 정산_임가공	임가공 구매요청, 구매 발주, 사급자재 출고, 납품정보 관리, 입고, LIV, 차후 실적 조정, Claim	MM	O	O	O	O
통합	구매, 재고	INT205	구매 정산_MRO 자재	자재 구매요청, 견적, 입찰, 업체 선정, 발주, 납품정보 관리, 입고, LIV, 대금 지불	MM	O	O	O	O
통합	구매, 재고	INT206	구매 정산_서비스·용역	서비스 구매요청, 견적, 입찰, 업체 선정, 발주, 선급금 지급, 중간 기성, LIV, 대금 지불	MM	O	O	O	O

[그림 2-42] 결합테스트 시나리오 템플릿

2.5.3.3 결합테스트 수행 및 이슈관리

결합테스트를 통해 도출된 이슈는 그 해결방안을 찾아야 다음 단계인 통합테스트 단계에서 똑같은 오류가 발생하는 것을 방지할 수 있다. 그러므로 결합테스트 단계에서 도출된 이슈를 체계적으로 관리하는 것이 주된 목적이다.

결합테스트 이슈현황을 분석하기 위해 프로그램별로 5개의 카테고리(Configuration 오류, Master Data 오류, 프로그램 오류, 프로세스 개선, 업무기준 및 기타)로 나눠서 테스트를 진행하였다.

Configuration 오류, Master Data 오류, 프로그램 오류는 프로그램의 수정을 통해 개선할 수 있지만 프로세스 개선, 업무기준 및 기타 부분은 업무 프로세스를 바꿔야 한다. 이런 이유로 As-Is 분석 후 개선방안으로 설정한 To-Be 설계 변경이 필요했다. 즉, 개선방안으로 마련된 업무가 시스템과 매칭되지 않았기 때문에 이 부분에 대한 이슈해결은 현업에서 진행한 후 해결방안을 모색해야 했다.

결합테스트 단계 자체에서는 현업 종사자들의 참여가 필요하지 않았지만, 이슈를 관리하는 것은 현업 종사자들의 참여가 필요했다. 프로세스 개선, 업무기준 및 기타 부분의 이슈해결은 다양한 업무와 중복되는 경우도 많기 때문에 Cross Funtional한 부분까지 고려한 이슈해결 방안을 마련하는 것이 필요했다.

[그림2-43]은 2014년 3월 3일 기준 결합테스트 이슈 현황이다. 주차별로 결합테스트의 이슈 사항이 집계되어 정리되었고, 그중 몇 개의 사항이 해결되었는지를 보여준다.

구분		계	Config' 오류	Master Data오류	프로그램 오류	프로세스 개선	업무기준 및 기타
계		68	14	7	22	7	18
	1주차	-	-	-	-	-	-
	2주차	-	-	-	-	-	-
	3주차	-	-	-	-	-	-
해결건수		-	-	-	-	-	-

[그림2-43] 결합테스트 이슈 현황

2.5.4 1차 & 2차 통합테스트

2.5.4.1 통합테스트 계획수립

결합테스트가 시스템의 기능 완결성을 확인하는 관점에서 PI3.0추진반 주도로 실시되었다면, 통합테스트는 업무를 담당하는 Super User와 ERP 교육을 받은 현업 담당자가 참여하여 모든 비즈니스 유형에 대한 테스트를 진행하였다. 특히 통합테스트는 32개의 시나리오를 작성해서 1차와 2차로 나눠 진행하였다. 1차 통합테스트에서는 테스트용 Sample Data를 갖고 시스템의 기능 및 Data 정합성을 확인하는 테스트를 주로 진행했고, 2차 통합테스트에서는 과거 실적 Data를 갖고 시스템의 성능 테스트를 중점적으로 점검하는 테스트를 포함하여 진행하였다.

2차 통합테스트에서는 사용자 매뉴얼을 확정해서 다음 단계인 운영테스트에서 시스템 최종 사용자인 현업 종사자들이 테스트를 진행하는 데 문제가 없도록 시스템 사용자 교육을 준비하였다. [그림2-44]는 통합테스트 1차와 2차의 업무 계획을 보여주고 있다.

Configuration 및 Master 확정 ▼

구분	2월	3월	4월	5월	6월
	결합테스트	통합테스트 1차	통합테스트 2차		운영테스트
목표	기능완결성 100%	정합성 100%			종합가동 품질확보
			성능 100%		
정의	핵심 기능 테스트	모든 기능 및 Data 정합성 테스트	성능 테스트		더블 엔트리
				사용자 교육	
수행 주체	PI3.0추진반원 중심 (Super User 지원)	PI3.0추진반원 중심 (Super User 참여)		사용자 중심	최종 사용자
			Super User		
사용 Data	테스트(Sample) Data		과거 실적 Data		실 운영 Data
중점 점검 사항	단위 업무별 기능	Master Data 정합성	과거 실적 Data를 통한 처리 결과 확인	실 환경: 전력거래, 운전정보, 조업실행(Bar-Code) 연계 및 점검	

※ 핵심 기능: 표준원가 계산, Order to Cash(주문~생산~출하~매출), Procure to Pay(구매~대금지급), 정비작업

[그림 2-44] 통합테스트 계획

2.5.4.2 통합테스트 시나리오 작성

통합테스트는 시스템의 모든 기능과 Data의 정합성, 성능 테스트를 하는 단계이므로 결합테스트와 달리 업무의 전체 프로세스에 대한 테스트가 필요하다. 따라서 32개의 시나리오를 작성해서 핵심 기능인 표준원가 계산, Order to Cash(주문-생산-출하-매출), Procure to Pay(구매-대금지급), 정비작업을 테스트해야 한다.

[그림2-45]는 '경상정비_상주외주' 업무 프로세스 흐름도를 보여주고 있는데 운전, 정비, 상주용역, 구매, 원가로 이어지는 전체 업무 프로세스 흐름을 확인한 후 테스트 시나리오를 작성하였다. 테스트 시나리오는 Step ID, Step명, 모듈 및 시나리오, T-Code 등으로 분류된 카테고리 항목에 맞게 작성하면서 T-Code에서 업무가 시스

템으로 되는지 매뉴얼로 되는지 확인한 후, 시스템으로 진행되는 부분을 중점적으로 통합테스트를 진행하였다.

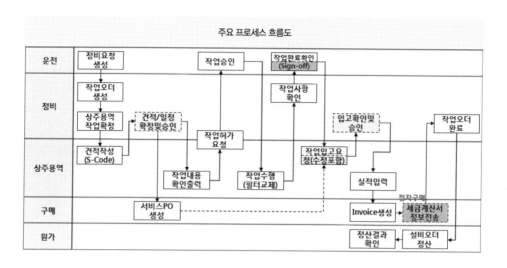

[그림2-45] 통합테스트 시나리오 샘플(경상정비_상주외주)

2.5.4.3 통합테스트 수행 및 이슈관리

통합테스트 단계에서는 템플릿에 시나리오 항목과 테스트 결과 및 이슈 내역을 작성하여 업무 전체에 대한 프로세스를 점검하였다. [그림2-46]과 같이 시나리오에 대한 정합성과 기능을 중점적으로 점검했고, 업무 프로세스를 시스템으로 구현해야 하는 각각의 관련 모듈도 테스트를 진행하였다.

통합 1차 테스트 결과서

시나리오 ID	MM005	현업소감(VOC)
시나리오명	연료전지 원자재 입고 정산	
관련 부문	MM, FI, e-Procurement	
중점 점검 항목	1. 연료전지 원자재건에 대한 e-Procurement 전자 구매 연계 및 정합성 점검 2. Groupware를 통한 PO 승인 기능 확인 3. 지체에 대한 지체상금율과 지체 금액 확정 기능 점검	
테스트 데이터	[Vendor] – 200010 : OO사 [Material] – A009011 (SEPARATORNH616, PE, WHITE, W43.5, T16UM.)	

No	시나리오 항목											테스트 결과 및 이슈 내역		
	Step ID	Step명	모듈·시스템	T-Code	테스트 담당자	담당 조직	담당자	Input	Output	계획일자	수행일자	Test 결과	이슈 구분	처리방안
1	F.050.030.010.010	구매계약 단가품의 작성	MM	ZMM01R0100				자재: 6007406, 6005930	구매요청: 1000025602	2/23	2/23	O		
2	F.050.030.010.010	구매계약 단가품의 작성	MM	ZMM01R0150						2/23	2/23	O		
3	F.050.030.010.020	구매계약 단가품의 승인	Group ware	–				6005930 수량변경 20→120	구매요청: 1000025602	2/23	2/23	O		
4	F.050.030.010.030	구매계약 단가품의 결재확인	MM	ZMM01R0150						2/23	2/23	O		
5	F.050.030.010.030	계약단가 Contract 생성	MM	ME33K						2/23	2/23	O		
6	F.050.030.010.060	P·O 생성	MM	ME21N						2/23	2/23	O		ERP에서 그룹웨어로 결재를 연계하여 상신자가 승인하도록 구현함
7														
8														
9														

[그림 2-46] 통합테스트 결과_MM(구매)

2.5.4.4 1차 & 2차 통합테스트 차이

통합테스트는 1차와 2차로 나눠서 진행하였기 때문에 각각의 단계에 맞는 테스트를 최적화할 수 있었다. 1차 통합테스트는 결합테스트의 연장으로 PI3.0추진반이 계속 진행하였다. 결합테스트가 시스템의 기능이 작동되는지 일부 기능의 확인 과정이었다면, 1차 통합테스트는 시스템 전체의 기능 테스트와 함께 Data 정합성 테스트가 진행되었다. 1차 통합테스트에서는 시스템 전체의 기능과 Data가 맞는지에 대한 점검만 진행되기 때문에 이때 사용하는 Data는 테스트용 Sample Data이다. 따라서 Data를 넣었다고 실제원가를 알 수는 없다. 즉, 1차 통합테스는 PI3.0추진반이 테스트용 Sample Data를 통해 전체 시스템 기능을 점검하고, Data 정합성을 확인하는 것이 주된 목표이다.

2차 통합테스트는 좀 더 정교한 예측이 가능한 단계이다. 이 단계에서는 테스트용 Sample Data가 아닌 과거에 사용했던 실제 Data를 기반으로 현업 종사자들이 테스트를 진행하기 때문에 테스트 결과를 통해 실제원가를 예측할 수 있고, 예측한 결과가 맞지 않는다면 이슈를 찾아 해결방안을 마련할 수도 있다. 즉, 2차 통합테스트의 핵심은 실제원가를 확인할 수 있다는 것인데, 실제 Data를 적용한다는 측면에서 그 의미가 크다. 또한 2차 통합테스트는 시스템의 기능 및 Data 정합성을 확인할 뿐만 아니라, 현업 종사자들이 화면을 조작하는 시간과 원가결산 시 걸리는 시간 등을 세밀하게 확인하는 성능 테스트라고 할 수 있다.

2.5.5 운영테스트

2.5.5.1 운영테스트 계획수립

운영테스트는 성능 및 최종 사용자의 운영성을 점검하는 단계로, 기존에 사용하던 ERP 시스템과 새롭게 구축된 ERP 시스템을 현업 사용자가 동시에 직접 운영해 보는 것이다. 그러므로 운영테스트는 시스템 가동 시점과 동일한 사용자가 동일한 방법으로 동일한 Data를 입력하는 것을 반복적으로 진행한다. 결합테스트, 1차 통합테스트, 2차 통합테스트 단계를 통해 시스템의 기능 및 성능까지 확인했다면 운영테스트는 실제 시스템 가동 직전 제대로 시스템이 가동되는지를 점검하는 마지막 테스트인 것이다.

운영시스템 단계는 [그림2-47]에서 보는 것처럼 Data 이행 후 운영테스트 시스템에 가급적 기존 시스템에서 발생하는 실 Data를 가지고 Double Entry를 통하여 테스트를 수행하는 것을 원칙으로 하였다. 따라서 현업들은 기존 시스템으로 처리하던 실제 처리내역을 새로운 시스템에 한 번 더 처리해야 하는 번거로움이 있었다. 하지만 Double Entry 과정을 통해 본격적인 시스템 가동 전 사용 연습을 겸할 수 있었기 때문에 시스템 오류를 최소화하고, 사용자 교육을 함께 진행할 수 있었다. Double Entry때 사용한 실제 Data는 5월 말에 결산된 Data이다.

운영테스트는 테스트의 마지막 단계로서 단순히 테스트를 반복하는 것이 아닌, 전 직원의 참여를 고취시키고 시스템 가동 시와 동일한 환경에서 통합시스템을 활용하여 시스템의 최종 품질점검 및 완벽한 가동준비를 한다는 점에서 큰 의미가 있다. 결론적으로 말해 운영테스트는 통합시스템 가동 전 시스템 기능의 완성성, Data 정합성, 시스템 운영 편리성, 사용자 교육 상태를 최종 확인하는 목적을 달성한다.

구분	2월	3월	4월	5월	6월
	결합테스트	통합테스트 1차	통합테스트 2차	운영테스트	
목표	기능완결성 100%	정합성 100%		종합가동 품질확보	
			성능 100%		
정의	핵심 기능 테스트	모든 기능 및 Data 정합성 테스트	성능 테스트	더블 엔트리	
			사용자 교육		
수행 주체	PI3.0추진반원 중심 (Super User 지원)	PI3.0추진반원 중심 (Super User 참여)	사용자 중심 Super User	최종 사용자	
사용 Data	테스트(Sample) Data		과거 실적 Data	실 운영 Data	
중점 점검 사항	단위 업무별 기능	Master Data 정합성	과거 실적 Data를 통한 처리 결과 확인	실 환경: 전력거래, 운전정보, 조업실행(Bar-Code) 연계 및 점검	

※ 핵심 기능 : 표준원가 계산, Order to Cash(주문~생산~출하~매출), Procure to Pay(구매~대금지급), 정비작업

[그림2-47] 운영테스트 계획

2.5.5.2 운영테스트 범위

운영테스트는 시스템 가동 전에 구축된 전체 시스템이 제대로 구현되고 있는지 점검하는 단계이다. [그림2-48]은 운영테스트 범위를 나타내고 있는데, Double Entry를 통해 운영테스트를 진행했다는 것을 확인할 수 있다.

ERP부터 살펴보면 MM(구매자재), PM(설비관리), TR(자금관리), FI(재무회계)는 예전에 사용하던 시스템과 새롭게 도입되는 시스템에 모두 있기 때문에 각각의 시스템에 Data를 입력하는 이중 입력 방법으로 시스템 테스트를 진행하였다. 그 이외의 SD(판매영업관리), PP(생산관리), QM(품질관리), PS(프로젝트관리)는 새롭게 도입되는 통합시스템에만 있는 업무 시스템으로, 이 부분은 Data를 새로운 시스템에 신규 입력하여 시스템을 점검하였다.

Non-ERP의 경우도 ERP때 진행했던 테스트 방법과 동일하게 진행하였는데, 예전에 사용하던 시스템과 새롭게 도입되는 시스템에 모두 Data를 입력하는 Double Entry 방법으로 진행되었다.

시스템		As-Is	To-Be	방법	비고
Non-ERP	전자전표	O	O(재구축)	이중입력	
	전자구매	O	O(재구축)	이중입력	
	운전정보	O	O(개선)	자동 I.F	현재 운영 시스템
	전력거래	O	O(개선)	자동 I.F	현재 운영 시스템
	조업실행	O	O(개선)	이중입력	
	결재	-	O(재구축)	이중결재	선 가동 시스템
	인사	O	-	자동 I.F	현재 운영 시스템
ERP	SD(판매영업관리)	-	O	신규입력	
	PP(생산관리)	-	O	신규입력	
	MM(구매자재)	O	O	이중입력	
	QM(품질관리)	-	O	신규입력	
	PM(설비관리)	O	O	이중입력	
	PS(프로젝트관리)	-	O	신규입력	
	TR(자금관리)	O	O	이중입력	
	FI(재무회계)	O	O	이중입력	

[그림2-48] 운영테스트 시스템 범위

2.5.5.3 운영테스트 수행 및 이슈관리

운영테스트는 통합시스템 가동 직전 전 직원을 대상으로 진행하였다. 또한 테스트별 담당자(부서)를 지정해서 업무 프로세스를 시스템별로 점검하였다. [그림2-49]는 TR(자금관리)의 결과를 보여주고 있는데, TR(자금관리) 중 지급관리 업무는

Double Entry 방법으로 진행한 운영테스트 결과 처리율이 6%였다. 차이 원인을 확인해보니 미지급전표 이행 시점에 따른 차이 및 HR 출장비 전표 미작성으로 인해 발생된 문제점이었다. 이 부분에 대해서는 운영테스트 기간 중 1일의 시간을 배정하여 별도의 테스트를 진행함으로써 통합시스템 가동 시 문제점이 발생되지 않도록 하였다. TR(자금관리)의 운영테스트 결과뿐만 아니라 전체 업무 시스템에 대해서 운영테스트를 진행하였고, 운영테스트 기간 중에 발생되는 문제점은 반복적인 테스트 과정을 통해 해결하였다.

구분		기존 시스템 처리건수(A)	신규 시스템 처리건수(B)	처리율(%) (B/A)	차이건수 (A-B)	차이원인 및 처리내용
TR	입금관리	-	-	-	-	
	지급관리	-	-	-	-	미지급전표 Migration 시점에 따른 차이 및 HR출장비 전표 미작성 건(운영테스트 기간 중 하루를 정해 별도 테스트 예정)
	금융상품 거래처리	-	-	-	-	현물환거래처리 이행, TR 모듈은 운영테스트 기간 중 테스트 데이터가 미미하여, 별도로 계속 테스트 진행예정
	일자금수지 관리	-	-	-	-	

[그림2-49] 운영테스트 결과_TR(자금관리)

[그림2-50]은 운영테스트를 진행하면서 발견된 이슈이다. CO(관리회계), FI(재무회계), PS(프로젝트관리)의 통합이슈로서, 건설관리부서의 판관비가 기표되지 않는 이슈사항을 운영테스트를 통해 확인할 수 있었다. 그 이유를 살펴보니 기존 전자전표

시스템은 건설관리부서에서 전표 입력 시 건설경비만 사용하도록 설정되어 있었음을 알게 되었다. 따라서 운영테스트를 통해 발견된 이슈사항은 새롭게 도입되는 통합시스템에서 문제가 되지 않도록 처리방안을 마련하였다.

구분	이슈사항	이슈내용	처리방안	완료여부
CO, FI, PS	건설관리부서 판관비 기표 안 됨	기존 전자전표 validation Rule은 건설관리부서에서 전표 입력 시 건설경비만 사용하도록 설정되어 있음	Cost Category가 "C(건설)"일 때 판관비 계정만 허용	진행 중 (~6/16)

[그림2-50] 운영테스트 이슈

2.5.6 사용자 교육

2.5.6.1 사용자 교육 계획수립

결합테스트와 통합테스트 기간에는 Super User를 대상으로 교육을 진행하고, 마지막 단계인 운영테스트 단계에서는 현업 종사자들을 대상으로 교육을 진행하였다.

사용자 교육은 직책 보임자 및 현업 사용자를 대상으로 4주 동안 전사 시스템 구축현황, 모듈별 주요 변화모습, 시스템 기능 실습에 대한 내용을 중심으로 진행되었다. 즉, 시스템 가동과 동시에 새롭게 사용해야 하는 ERP 9개 모듈 및 전자구매 등 4개의 기존 시스템의 사용법 교육이었다. 1,730여 명의 직원들을 대상으로 모듈별로 필요한 교육대상자를 매핑해서 준비하였고, 필요한 업무에 대한 시스템 교육과목을 들을 수 있도록 하였다.

[그림2-51]은 FI(재무회계) 모듈 교육에 대한 인원선정 템플릿으로 각각의 모듈에 대해 실, 그룹 · 부, 그룹 · 팀 · 과, 사번, 성명, 직급에 해당되는 현업 종사자들이 교육을 들을지에 대한 전수조사를 진행하였다. 직원들이 필요한 과목을 들을 수 있도록 서울, 인천, 포항(2곳), 광양에 직접 찾아가서 교육을 진행하였고, 교육장에는 실습교육을 할 수 있도록 컴퓨터를 준비하였다.

교육대상자별 교육일정

	모듈	FI	FI
	과목코드	F-030-030-020	F-030-020-020
	과목명	채무관리 (일반사용자대상)	채권관리 (일반사용자대상)
	교육일자	2014.5.29	2014.5.29
교육시간	시작	13:00	15:00
	종료	15:00	17:00

실	그룹 · 부	그룹 · 팀 · 과	사번	성명	직급	F-030-030-020 채무관리	F-030-020-020 채권관리
CR실	전력정책그룹	-	4564	○○○	Manager		
CR실	전력정책그룹	-	5382	○○○	Sr.Manager		
CR실	전력정책그룹	-	4979	○○○	Sr.Manager		
CR실	전력정책그룹	-	5326	○○○	사원		
CR실	지속경영그룹	-	9140	○○○	Associate		
CR실	지속경영그룹	-	5384	○○○	Associate		
CR실	지속경영그룹	-	5423	○○○	Associate		
CR실	지속경영그룹	-	4924	○○○	Director		
CR실	지속경영그룹	-	5232	○○○	Manager		
CR실	지속경영그룹	-	4921	○○○	Manager		
CR실	지속경영그룹	-	5090	○○○	Manager		

[그림2-51] 모듈별 인원선정 템플릿_FI(재무회계)

2.5.6.2 사용자 교육 매뉴얼 작성

시스템 가동 이후 현업에서 시스템을 잘 사용할 수 있도록 하는 매뉴얼을 작성해서 사용자 교육을 진행하였다.

[그림2-52]는 Material Master(검사설정)에 대한 교육 매뉴얼인데, 각 Task별로 매뉴얼을 작성하였다. 업무 Flow Chart를 그려놓고, T-Code를 클릭하면 업무를 진행할 수 있도록 제작하여 사용자들이 실제 업무를 할 수 있게 하였다.

메뉴 경로	
트랜잭션 코드	MM02
트랜잭션명	Immediately, Change Material(Intial Screen)
트랜잭션 개요	자재마스터(품질관리 View), 검사설정

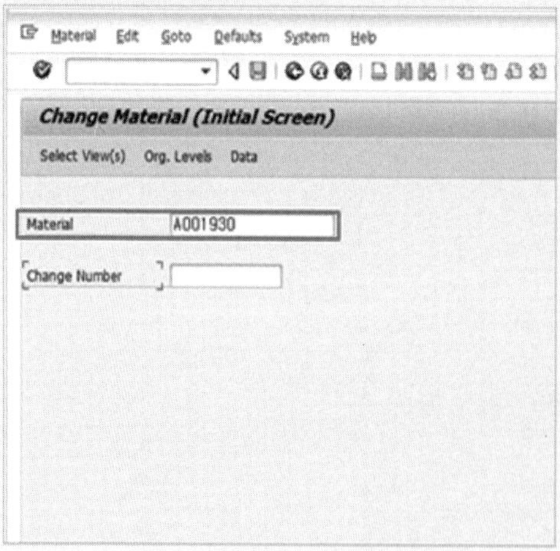

처리 절차

1. ERP Command 필드에서 T-Code "MM02" 입력하고 Enter 한다.
2. Material을 입력하고 Enter 또는 ⊘ Icon을 클릭한다.

항목 설명

1. Material : 자재코드
  - 생성할 자재코드 입력

[그림2-52] 사용자 매뉴얼 예시_QM

204

2.5.6.3 사용자 교육 실시 결과

사용자 교육을 실시한 이후 전사통합시스템 사용자 교육 설문조사를 통해 교육에 대한 이해도와 만족도를 알아보았다.

전사통합시스템 사용자 교육 설문조사는 시스템 기능에 대한 이해도, 매뉴얼 내용에 대한 이해도, PI3.0추진반과 컨설턴트가 교육했던 강의스킬, 새롭게 구축된 시스템을 통한 업무 도움 여부, 교육에 대한 전체적인 만족도 등의 항목을 통해 매번 진행되는 교육에 대해 모두 실시하였다. 그 결과 사용자가 처음 사용하는 시스템임에도 불구하고 교육에 대한 이해도와 만족도가 높게 나왔다.

사용자 교육은 전사 직원들의 적극적인 참여를 바탕으로 141개 교육과정을 무난히 실시하였으며, 이는 새로운 변화의 시작인 전사통합시스템 기능에 대한 이해도를 높일 수 있는 기회가 되었다. 또한 사용자 교육을 통해 직원들이 시스템 기능에 대한 이해도가 높아지면서 개선 요구사항도 추가적으로 발굴해 개선함으로써 시스템 가동 시 최적의 운영환경을 위한 토대를 만들 수 있었다.

2.5.7 Cut-Over

Cut-Over란 신규 시스템을 오픈하면서 구 시스템의 사용을 중단하는 것을 의미한다. 즉, 새로운 시스템 가동을 위해 특정 시점을 기준으로 자사 구 시스템의 업무를 마감한 상태에서 모든 정보를 새로운 시스템으로 전환하는 Event를 말한다.

포스코에너지는 Cut-Over 기간을 2014년 6월 23일부터 2012년 7월 1일 오전 6시 59분을 기준으로 했고, 새로운 ERP 시스템 가동 일자는 2014년 7월 1일 오전 7시를 기준으로 하였다.

Cut-Over의 목적은 첫째, 기존 진행업무 종결처리 및 새로운 시스템상의 업무 개시 기준을 명확히 함으로써 업무의 최소화가 가능하다는 것이다. 둘째, Cut-Over 기간 전, Cut-Over 기간 중, Cut-Over 기간 후로 Data 이행 작업 분산을 통한 실제 Cut-Over 기간을 최대한 단축하는 것이다. 셋째, 가동 환경 조기 구축을 통해 실제 운영관리 체계로 조기 전환함으로써, 시스템 및 Data 이슈를 최소화하는 것이다.

2.5.7.1 Cut-Over 계획수립

Cut-Over는 업무 이행을 일정에 맞게 잘 진행해야 하는데, 과거 업무체제에 의한 업무수행을 언제까지 진행할지를 고려해서 계획서를 작성해야 한다. 예를 들어 재무에서는 '매출채권, 매입채무는 언제까지 확정할 것인지?', 'Data 이행 대비 6월 결산 완료 시기는 언제까지로 할 것인지?'를 고려하고, 생산에서는 '조업실행 시스템은 휴지가 필요한지? 필요하다면 세부 요청사항은 무엇인지?' 등을 고려해서 Cut-Over 계획을 수립하였다.

[그림2-53]은 Cut-Over 계획서 작성 시 고려해야 할 사항이다. 재고실사의 경우 장부와 실물의 차이를 없애기 위한 재고실사 일정, 방법, 주체 등 결정해야 할 사항들을 정리한 것이다. 또한 시스템 가동을 위해 준비해야 할 업무적인 내용을 정리해서 현업이 수행해야 할 내용을 요약했고, 업무내용 중 처리방안, 의사결정 등 상세한 내용 공유가 필요한 항목에 대해서는 Free Format으로 정리하였다.

항목	내용	주관부서	기한
재고실사	▪ 장부와 실물의 차이를 없애기 위한 재고실사 일정, 방법, 주제 등 결정필요		6/30
구매요청 종결처리	▪ 6월 23일부터 현업 사용자의 구매 요청의 종결처리		6/25
구매 마감	▪ 6월 30일 18시 기준 마감		6/30

▪ 가동을 위해 준비해야 할 업무적인 내용을 정리
  · 현업이 수행해야 할 내용
  · 의사결정이 안 된 업무 등
▪ 업무내용 중 처리방안, 의사결정 등 상세한 내용 공유가 필요한 항목에 대해서는
  Free Format 으로 뒷장에 첨부하여 내용 정리

[그림2-53] Cut-Over 계획서

Cut-Over 일정계획(2014년 7월 1일 시스템 가동 기준)

D-20 : Configuration 최종점검

D-12 : 권한 최종확인

D-11 : 전자구매 연동 확인, 대외기관 Interface 연결 확인

D-8 : Batch Job 설정 및 확인

D-6 : 구매요청 종결 처리

D-1 : 구매 마감작업 완료

2.5.7.2 이관 프로그램 점검

ABAP으로 설계해서 이관 프로그램을 만들었다. 끝에 'B'라고 되어 있는 것은 이행을 위한 프로그램인 이관 프로그램이다. 이러한 이관 프로그램은 과거의 Data를 새롭게 구축하는 ERP 시스템으로 Upload시켜주는 것이다.

'ZPPB0010' 프로그램은 '자재마스터 생성'으로 이행하였고, 'ZPPB0020' 프로그

램은 'BOM 생성'으로 이행할 수 있도록 프로그램을 설계하였다. 이 과정에서 100
여 개의 이관 프로그램이 있었다.

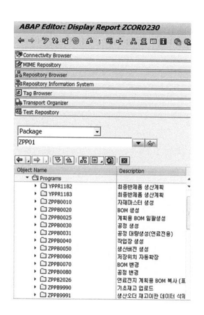

2.5.7.3 이관Data 정의 및 점검

이관은 기존에 사용하던 Data를 새로운 시스템으로 옮기는 과정을 말한다. 그러
나 모든 Data가 그대로 새로운 시스템에 옮겨지는 것은 아니다. 모든 Data는 사전에
설정된 Rule에 따라 움직이게 된다. 시스템은 사전에 정의된 프로세스를 구현하는
것이기 때문에 미리 설정된 값이 입력되지 않은 상태로는 구동되지 않는다. 예를 들
어 직원에게 돈을 지급해야 하는 상황이라면 시스템에 직원의 계좌를 설정해야 하

며, 사전에 어떤 은행의 계좌인지도 정의되어 있어야 한다. 이러한 사항이 세팅 값으로 정의되어 있지 않으면 Error가 발생한다. 즉, 고객이 존재해야 주문 Data를 올릴 수 있고, 은행이 있어야 결제 과정을 처리할 수 있는 이치와 같다. 나아가 고객이 외국에 있고 결제하는 통화가 외화라고 가정한다면 고객의 국가, 결제 시에 사용하는 통화, 사용하는 통화의 당일 환율이 시스템에 정의되어 있어야 한다. 이런 사항들이 시스템에 정의되어 있지 않으면 주문 Data를 진행할 수 없다. 요약하면, 고객을 정의하고 고객의 주거래 통화가 무엇인지를 설정한 후 주문이 이루어질 수 있도록 포스코에너지 거래 과정의 순서를 시스템에 등록해야 한다. 즉, 주문(거래)을 하기 위해서는 그전에 고객, 지불조건 등이 이미 등록이 되어 있어야 한다는 것이다. 하나의 예를 더 들면, 자재는 원료, 재료 등을 포함한 자재의 속성 값이 이미 세팅되어 있어야 한다. 이는 사전에 시스템에 세팅된 값에 따라 운영된다는 측면에서 Dependency 과정이라고 할 수 있다. 세팅된 값이 없으면 Error가 발생하는데, Error Check Logic에 따라 Master에 사전에 설정된 Data만 입력할 수 있게 된다.

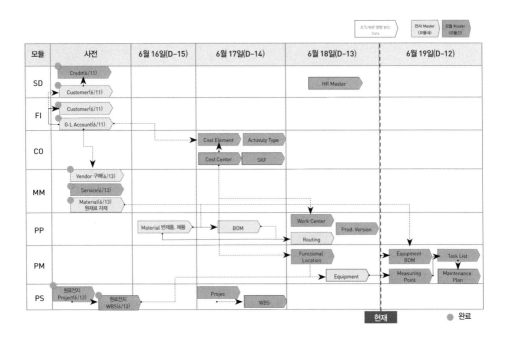

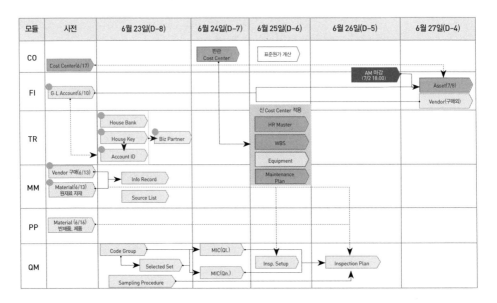

[그림2-55] Cut-Over 일정표

2.5.7.4 Data Cleansing

Data Cleansing 작업은 Data 이행 과정에서 새로운 시스템이 효율적으로 사용될 수 있도록 기존에 사용하던 Data를 정리하는 것을 말한다.

기존 시스템에서 사용하던 Data 체계가 새로 도입된 시스템에서 동일하게 사용할 수 없는 경우가 발생됨에 따라 기존 시스템에서 사용하던 Data 체계를 새로운 시스템에 맞게 바꿔주는 과정이 필요하다. 또한 기존 시스템에서 사용하던 History Data 중에서 삭제하지 않고 반드시 유지해야 하는 Data인지 아닌지의 여부를 선별하는 작업을 거쳐 Data 이행을 해야 한다. 마지막으로 Data 이행 과정에서 기존 시스템에서 사용하던 Data 중 표준화된 기준이 없어서 현업에서 중복으로 입력하여 사용하던 Data를 확인하는 작업도 병행해야 한다. 이런 작업도 Data Cleansing 작업에서 진행해야 할 부분이다. [그림2-56]은 PM(설비관리)의 Data 이행 결과서이다.

Master·History	이행건수		완료일	주요 점검 내용	특이사항	점검자	주관부서
	계획	실적					
기능위치 (설비분류체계)	4,093	4,093	'14.6.18	■ Level별 설비분류체계 ■ 기능위치 내역 표준화	-		
설비마스터 (Equipment)	23,479	23,479	'14.6.18	■ 설비사양정보 관리 기준 ■ 설비내역 표준화	-		
설비BOM	26,258	26,258	'14.6.19	■ 설비와의 연계성 ■ 구매자재 관리 연계성	-		
직무리스트	481	481	'14.6.18	■ 작업절차 표준화 ■ 예방정비 및 고장정비 연계	-		
예방정비계획	1,161	1,161	'14.6.27	■ 설비별 예방계획 주기 및 일자 확인	-		
과거실적	48,209	48,209	'14.9.22	■ 고장유형별 정비실적 확인	-		
주요이슈	없음						

PM모듈(발전) 이행결과.zip 23개 항목

X	(100)Equipment Upload_광양_v1.0_20140618.xlsx
X	(100)Equipment Upload_인천1-6_v2.1_20140625.xlsx
X	(100)Equipment Upload_인천789호기_v1.0_20140729.xlsx
X	(100)Equipment Upload_포항_v1.0_20140618.xlsx
X	(100)Functional Location Upload_인천1-6_v2.0_20140618.xlsx
X	(100)Functional Location_광양포항_v1.0_20140618.xlsx
X	(100)Functional Location_인천789호기_v1.0_20140729.xlsx
X	(100)Maintenance Plan_인천광양포항_v2.0_20140627.xlsx
X	(100)Task List Header_광양_v1.0_20140618.xlsx
X	(100)Task List Header_인천_v1.0_20140618.xlsx
X	(100)Task List Header_포항_v1.0_20140618.xlsx

[그림2-56] 모듈별 클린징 결과(종합)

2.5.7.5 가동판단

운영테스트 완료 후 시스템 가동에 대한 최종 점검을 위해 가동판단 Check-list를 작성해서 각각의 항목에 대해 평가한 부분을 종합하고, 지연(Red: 계획된 일정이나 업무가 정상적으로 수행되지 않은 경우), 정상진행(Yellow: 계획된 일정에 맞게 문제없이 정상적으로 수행 중), 완료(Green: 계획된 일정에 맞게 문제없이 정상적으로 수행 완료)로 구분해 시스템 가동준비를 하였다.

2014년 6월 14일 [그림2-57]을 통해 Go-Live를 확인한 결과 Process, Data, People, IT Infra, Cut-Over 부분이 지연 없이 정상적으로 진행되고 있지만, 완료된 것은 많지 않은 'Yellow' 상태였다는 것을 알 수 있다. 가동판단을 지속적으로 한 결과 2014년 6월 19일은 가동 수준이 'Green'으로 안정화 단계가 되었다. 가동판단은 Critical한 항목을 기준으로 진행한다.

Go-Live Readiness Scorecard

Process   Yellow

	완료	정상진행	지연
Critical	0	0	0
Non-Critical	0	0	0

Data   Yellow

	완료	정상진행	지연
Critical	0	0	0
Non-Critical	0	0	0

People   Yellow

	완료	정상진행	지연
Critical	0	0	0
Non-Critical	0	0	0

IT Infra   Yellow

	완료	정상진행	지연
Critical	0	0	0
Non-Critical	0	0	0

Cut-over   Yellow

	완료	정상진행	지연
Critical	0	0	0
Non-Critical	0	0	0

Score Card Status (Critical 한 항목 기준)
Green = 완료된 것이 정상 진행되고 있는 것보다 많을 때
Yellow = 지연없이 정상진행되고 있지만 완료된 것은 많지 않음
Red = 지연된 것이 1 건이라도 있음

[그림2-57] 가동 Readiness Scorecard

2.5.8 Go-Live

2.5.8.1 Go-Live 당일 준비사항 및 이슈 대처 요령

2014년 7월 1일 오전 7시 전사통합시스템의 성공적인 가동이 이뤄졌다. 시스템 가동 후 안정화를 위해 사전에 체크해야 할 Critical한 항목을 기준으로 가동판단을 진행하고, 각 단계별 품질관리를 진행하였다. 특히 시스템 가동 전 각 모듈별 확인사항 가이드라인을 만들어 업무에 대한 주관부서와 기한을 [그림2-58]처럼 명시하였다. 이러한 과정을 통해 시스템이 안정적으로 가동될 수 있도록 했고, 시스템 가동 후 발생될 수 있는 이슈는 종합상황실(Help Center)에서 대응하도록 했다.

항목	내용	주관부서	기한
Customer master	기준정보의 조기이관. 이후 신규 거래처는 수동생성	영업·재무	6/27
Vendor master		재무그룹	6/27
외화예금		재무그룹	6/30
6월 법인카드		재무그룹	–
자산별 CCtr 검증		재무그룹	6/30

[그림2-58] 이관 시 이슈사항

2.5.8.2 종합상황실(Help Center) 운영 방안 수립

시스템 가동 및 안정화를 위해 종합상황실(Help Center)을 운영하였다. 종합상황실은 각 부문의 상황실을 총괄하는 역할을 수행하는데, [그림2-59]와 같은 운영체제로 구성하였다. 종합상황실에서는 전사 종합 운영상황 점검 및 상황관리, 일일 종합 상황속보 작성, 매일 오전 9시 보고를 하였다. 또한 이상 상황 발생 시 조치가 가능한 담당자에게 연락하여 신속히 문제 발생 이슈에 대한 조치를 취하도록 하고 그 결과를 공지하였다. 부문상황실은 경영기획 및 신사업개발, 발전사업, 연료전지사업으로 나누어 담당하였고, 해당부문 운영상황 점검 및 상황관리, 일일 부문 상황일지 작성 및 종합상황실 송부 작업을 매일 오전 8시30분에 수행하였다. 또한 IT Infra부문은 Help 센터를 운영하여 SM(Service Management) 담당자들이 현업 종사자들의 조작 미숙 문제 등을 대응하였고, 하드웨어와 소프트웨어에 대한 성능 모니터링을 하였다.

2.5.9 품질관리

일정이 잘 준수되었는지, 요구사항이 잘 지켜졌는지를 확인하는 작업은 반드시 필요하다. 일정과 각종 요구사항의 준수를 철저히 모니터링하지 않으면 추후 특정한 사안에 대해 책임론이 대두될 수 있기 때문이다. 이런 측면을 고려하여 프로젝트 각 단계의 가장 마지막 일정으로 품질관리를 진행했는데, 한 번에 그치지 않고 다섯 번을 진행했다.

2013년 7월 프로젝트를 시작하여 To-Be 상세구현이 끝난 시점인 2013년 9월 1차 기본 품질관리를 하면서 각 단계가 끝날 때마다 품질관리 작업을 했으며, 2014년 11월까지 총 다섯 번의 품질관리를 진행했다. 각 품질관리 작업마다 결과서가 작성되었는데 프로젝트 범위, 일정, 방법론, 절차 표준, 고객 요구사항 등이 잘 반영되었는지를 확인하였다.

2.5.10 IT Infra 준비

2.5.10.1 CTS이관 프로세스 수립

CTS(Change and Transport System)는 ABAP 개발 내역을(IMG 및 CBO) QA계, 운영계로 이관하는 표준 툴을 말한다. 개발 항목은 ECD(개발시스템) 내 CTS 번호 (ECDK9XXXXX) 단위로 Change Request(자동 생성)된다.

[그림2-60]에서 볼 수 있듯이 ERP 시스템에는 개발시스템, 품질시스템, 가동시스템이 있는데, 개발시스템에서는 테스트 완료 후 해당 CTS를 ECQ(QA시스템), ECP(가동시스템)로 이관하여 적용하였다.

일반적으로 시스템 가동 직후에는 집중적으로 프로그램 수정이 필요하며, CTS 이관이 가장 빈번하게 발생하는 시기이다. 따라서 가동 직후 시스템 조기 안정화를 위해 일정 기간 동안은 CTS 절차를 최소화할 필요가 있다. 시스템 안정화 이후 사용자 편의를 고려하여 정해진 시간에만 CTS를 이관하도록 했고, 시스템 가동 직후 안정화 전후로 별도의 이관 절차가 필요했다.

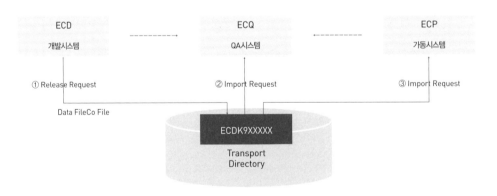

[그림2-60] CTS 이관 프로세스

2.5.10.2 사용자 ID 부여방안 수립

시스템 구축 후 1인 1 ID 부여방식을 원칙으로 진행하였다. 시스템을 사용할 때 ERP 로그인뿐만 아니라, SWP도 로그인해야 했기 때문에 포스코에너지는 시스템 사용자의 편의성을 위해 SSO(Single Sign On) 방안을 마련하였다. 그 결과 SWP ID로 로그인하면 ERP도 사용할 수 있었다.

SSO 방안을 마련하는 것은 시스템 환경을 맞춰야 했기 때문에 쉬운 과정은 아니었다. 하지만 향후 시스템 사용자들의 보안과 편의성을 위해서 필요한 것이었다.

2.5.10.3 권한관리 방안 수립 및 구축

권한관리는 새롭게 구축된 ERP 시스템 안에서 사용자가 수행할 수 있는 T-Code(Role)를 조직과 업무로 구분해서 관리하는 것을 말한다. 권한관리는 중요도에 따른 차등 관리와 유지보수 용이성을 고려해 구축방안을 마련하였는데, 업무 중요도에 따라 권한 등급을 일반, 중요, 특수 권한으로 구분하였다. 그중 일반 권한은 부여 절차를 간결하게 단축하여 취득하기 쉽도록 하였다. 권한관리 목적은 첫째, 시스템 안정성 측면에서 업무별 정보의 생성, 변경 등을 사전에 예방하는 것이다. 둘째, 정보 보안 관점에서 중요 정보에 대한 접근 및 유출에 따른 보안 사고를 사전에 예방하는 것이다.

ERP 권한은 사용자 정보를 관리하는 UMR(User Master Record) 내에 Role(Profile) 형태로 존재하며, 사용자별로 정의된 업무 Role을 부여하고 제어하는 구조이다.

임직원의 업무에 필요한 정보를 공유하도록 하고, 중요 권한은 개별 Owner를 지정, 권한 부여에 대한 승인 절차를 강화하였다. 따라서 정보 보안유지 및 시스템 사고에 따른 책임이 명확히 될 수 있도록 하였다. [그림2-61]은 발전생산 부분의 권한

관리 방안을 보여주고 있다.

  권한설계는 PI3.0추진반이 주체가 되어 진행하였고, CBO 프로그램 및 외부
Interface도 관리 대상이 되도록 하였다. 정의된 역할(Role) 내에 해당 업무에 필요한
모든 T-Code들을 포함시켰으며, 모든 프로그램도 T-Code 기반으로 실행될 수 있
도록 했다.

[그림2-61] 권한관리방안

2.5.10.4 ERP 설치 지원

  과거에 사용했었던 시스템은 웹타입으로, 웹에서 구축되어 있어서 웹으로 들어가
면 시스템 사용이 가능했었다. 하지만 새롭게 구축한 ERP는 Client 서버형타입으로
시스템 사용자들의 PC에 직접 설치해야 ERP를 사용할 수 있었다. 따라서 시스템
구축 후 시스템 사용자들의 모든 PC에 동일한 ERP 프로그램을 사전에 설치하는 것

이 중요한 과정이었다.

ERP 설치는 운영테스트 단계에서 진행하였는데, 이 단계에서는 직원대상 시스템 교육과정도 병행되어야 했기 때문에 ERP 설치의 효율적인 방안마련이 필요했다. 따라서 지역별로 공유서버 PC에 배치파일 하나를 만들고 난 뒤 서울, 인천, 광양, 포항으로 연결할 수 있도록 하였다. 즉, 네트워크 분산을 통해 사용자들이 알아서 각각의 공유서버에 들어가서 시스템을 설치할 수 있도록 하였다.

2.6 가동 및 안정화

시스템 가동 후 포스코에너지는 종합상황실(Help Center)을 운영하면서 전사 종합 운영상황 점검을 통해 시스템 안정화를 위한 모니터링을 진행하였다. 보다 안정적인 시스템 가동을 위해 5개월의 테스트 기간에 단계별 테스트를 진행하였으나, 실제 업무를 진행하면서 발생될 수도 있는 이슈 부분을 점검하기 위해 안정화 단계에서는 3개월 동안 종합상황실(Help Center)을 운영하였다.

안정화 단계에서는 안정화 지표를 만들어서 실시간 모니터링을 하였고, 실제 가동하고 나서 특이사항이 있는지 점검한 후 매일 오전 업무 미팅에서 보고하도록 하였다. 이때 포항과 인천은 영상회의로 업무 미팅을 진행하였다. 이슈 발생 시 조치가 가능한 담당자에게 연락하여 신속히 이슈를 조치할 수 있도록 했고, 그 결과를 공지해서 유사한 상황의 이슈처리를 위한 이력관리를 할 수 있도록 하였다. 또한 하드웨어 및 소프트웨어에 대한 성능 모니터링도 안정화 단계에서 진행하였다.

2.6.1 가동 및 이슈관리

시스템 가동 후 시스템의 안정화를 위하여 모니터링 담당자를 선정하였다. 이때 선정된 담당자는 현업 모니터링담당자, 이슈 1차 취합 담당자, 정보시스템그룹 담당자로 구분해서 각각 역할을 분담하였다.

또한 각 모듈별 현업 부서의 모니터링 담당자도 선정하였다. 담당자들은 전사통합시스템 안정화 지표를 참고하거나, 별도의 측정 방법을 활용하여 시스템의 이상 징후 또는 이슈에 대한 모니터링을 하였다. 현업으로 복귀한 PI3.0추진반의 모듈 담당자를 1차 이슈 취합 담당자로 지정해서 전사통합시스템의 가동 현황에 대한 현업의 VOC 청취와 이상 징후, 이슈 등을 취합하고 정리하여 수시로 정보시스템그룹으로 통보하였다.

그리고 이상 징후와 이슈를 모듈 컨설턴트와의 협의를 거쳐 경영혁신실 내부 결정 후 시스템의 수정 및 개선 등의 업무를 수행하도록 하였다. 뿐만 아니라 시스템의 수정 및 개선 결정 이후 관련 부서로부터 SWP의 SR(Service Request)시스템을 통해 SR을 접수하여 시스템의 수정 및 개선 등의 이력관리도 하였다.

전사통합시스템 사업별 모니터링은 아래 각각의 사업에 대한 모듈별로 진행되었다. 그리고 모니터링 담당자 → 이슈 1차 취합 담당자 → 정보시스템그룹 담당의 순서에 따라 이슈 취합, 시스템 수정, 개선 등을 진행하였다.

- 발전사업 : SD(판매영업관리), PM(설비관리), PP(생산관리 · 운전정보포함)
- 경영기획 : FI(재무회계 · 전자전표 포함), CO(관리회계), TR(자금관리)
- 경영지원 : MM(구매관리 · 전자구매 포함)

- 연료전지 : SD(판매영업관리), PM(설비관리), PP(생산관리 · 조업실행 포함), PS(프로 젝트관리), QM(품질관리)
- 신사업개발 및 투자 : PS(프로젝트관리)
- 연구개발 : PS(프로젝트관리)

안정화 단계에서 발생된 이슈에 대해서는 1단계는 현업부서에서 진행하고, 2단계는 PI3.0추진반과 컨설턴트가 수행하였다. 그리고 3단계는 벤더에서 진행할 수 있도록 이슈 대응 체계를 마련하였다. 즉, 1단계 이슈 해결은 Super User 중심으로 하고, 미해결 이슈는 PI3.0추진반과 컨설턴트가 처리할 수 있도록 하였다. 그리고 2단계에서 해결되지 않은 하드웨어 및 소프트웨어 등 전사관점의 업무 조정이 필요하거나, 전체 시스템에 영향을 미치는 이슈는 PI3.0추진반장 주재 하에 관련 부분에 대한 이슈 회의를 통하여 조치를 취할 수 있도록 하였다.

3개월 동안 진행된 시스템 안정화 기간 이후 시스템의 수정 및 개선이 필요한 경우 이슈 1차 취합 담당자를 경유하지 않고, 기존과 동일하게 현업 부서에서 SR 작성 및 부서장의 승인을 받아 정보시스템그룹에 시스템의 수정 및 개선을 요청할 수 있도록 하였다.

2.6.2 안정화 지표 모니터링

새로운 시스템인 ERP 구축 후 업무를 하려면 시스템을 통해서 진행해야 하는데, 이처럼 새롭게 구축한 ERP 시스템이 제대로 잘 운영되는가를 확인하는 것이 안정화 단계이다.

따라서 안정화 단계에서는 각각의 모듈별로 안정화 지표를 만들어서 실시간 모니터링을 한 후, 특이사항이 있는지 점검하여 매일 오전 업무 미팅에서 보고하도록 했다.

안정화 지표는 모듈구분, 지표명, 정의, 목표치, 점검주기, 측정방법, 완료일정, 관리 부서명(담당자) 등으로 세분화하여 점검사항을 작성하였다. 예를 들어 [그림 2-62]는 FI(재무회계)의 안정화 지표인데, '법인카드 전표 처리율'은 시스템으로 100%처리 완료되었다는 것을 의미한다. 또한 '전표 미결재율'은 0%인데, 이것은 미결재율이 없었기 때문에 시스템으로 결산이 마무리되었다는 것을 의미한다.

안정화 단계에서는 점검해야 할 업무의 지표를 작성하고 그 항목에 맞는 업무를 점검하였다. 그리고 이 과정을 통해 시스템 처리율이 100%인지, 또는 원하는 시간에 업무가 처리되는지 등을 확인하였다.

구분	지표명	정의	목표치	점검 주기	측정 방법	완료 일정	관리 부서명 (담당자)	비고
FI	법인카드 전표 처리율							
FI	매입세금계산서 회계 전표 처리율							
FI	A.R 반제 미처리율							
FI	전표 미결재율							
FI	회계전표 취소율							
FI	월 결산 소요 시간							

[그림2-62] 안정화 지표_FI

2.6.3 안정화 기간 중 SM으로의 이관

ERP를 구축했던 컨설턴트 및 개발자들이 포스코에너지에서 계속 업무를 수행하는 것이 아니기 때문에 자사 내부의 SM(Service Management)에서 그들이 수행했던 업무들을 인수인계 받아 차질 없이 수행해야 하는데, 그 과정은 안정화 단계에서 진행하였다.

SM 운영팀에서는 [그림2-63]의 항목을 점검하며, 인수인계 받았다. ERP(9개의 모듈 부문, BW(EIS) 부문), Non-ERP, 하드웨어, 소프트웨어, 점검내역을 바탕으로 인수인계 산출물 확인 후 인수인계 확인서를 작성하였다.

시스템 가동 이후 안정화 기간인 2014년 7월~8월에 각 시스템별로 SM 병행 운영을 하면서 단계별로 운영 이관이 진행될 수 있도록 했다. 그리고 2014년 10월 최종 SM 운영팀으로 시스템 이관이 마무리되었다.

다양한 인수인계 내역은 SM 운영팀에서 그 내용을 정확하게 숙지했는지의 여부를 제3자(품질관리)가 체크하도록 했었는데, 그 이유는 업무 인수인계가 차질 없이 정확하게 진행되어야 향후 SM 운영팀에서 명확한 업무를 진행할 수 있기 때문이다.

검수 대상		점검 결과	검수 시 참조 문서
점검 내역	ERP	■ 정상 확인 ■ 추가 확인 사항	인수인계 산출물, 인수인계 확인서
	Non-ERP	■ 정상 확인 ■ 추가 확인 사항	
	하드웨어, 소프트웨어	■ 정상 확인	

[그림2-63] SM 이관 Checklist

2.6.4 무장애 100일

시스템 가동 후 안정화 단계에서 100일 동안 시스템뿐만 아니라 IT Infra도 점검하였는데, 그 기간에 매일 모니터링을 하면서 하드웨어(13종), ERP(DB), ERP(APP), 기존 시스템(DB), 네트워크(7Site)를 점검하였다.

IT Infra 점검은 업무를 수행하는 데 시스템적인 이슈를 찾아내는 것이 아닌, IT Infra 성능을 확인하는 과정으로 네트워크 내부망, 네트워크 외부망(인터넷망)도 함께 점검하면서 모니터링을 진행하였다.

PI3.0 가동 IT Infra 부문 모니터링이 100일간 무사히 무장애를 달성하며, PI3.0 가동이 안정화 기간으로 넘어감에 따라 모니터링을 2014년 10월 8일부로 종료하고, IT Infra 업무도 컨설턴트 및 개발자에게 인수인계 받아 SM에서 진행하였다.

3

Chapter

변화 모습 및
기대효과

3.1 SD _(판매영업관리) 업무 및 시스템의 변화 모습

SD(판매영업관리)

- 제품판매 : 판매 및 물류 제반 업무의 시스템 처리를 통해 매출 및 판매이력 관리에 대한 효율성 향상

- 전력매출 : 발생기준에 의한 일 단위 매출관리로 판매정보의 신뢰성 확보

SD(판매영업관리) 업무 및 시스템 변화 Point

기존 수작업에서 시스템을 통한 통합 업무관리 실시

판매 및 물류에는 연료전지 제품판매와 발전소의 전력매출이 해당된다. 연료전지 제품판매 업무의 경우 기존에는 시스템이 없어 업무가 수작업으로 진행되었으나, 시스템 구축을 통해 표준화된 업무를 시작한 후부터는 업무의 효율성이 상승하

였다. 전력매출은 당시 시스템이 있었지만, 타 시스템과 연계가 되지 않아 월 단위로 수작업으로 관리하던 것을 시스템 간 연계를 통해 일 단위로 관리할 수 있도록 함으로써 판매정보의 신뢰성을 확보하게 되었다.

연료전지 업무는 [그림3-1]의 과거 모습(1)과 같이, 고객사로부터 입찰을 수주한 다음 연계되는 모든 업무 프로세스가 수작업으로 진행되었으며, 이력은 엑셀을 통해서만 관리되어 왔다. 그 결과 영업정보의 제반사항은 한정적으로 타부서에 공유되었고, 프로젝트의 진행경과 및 출하시점을 파악하기 위해서는 담당자를 통해서만 이루어졌으며, 매출 Data에 대한 접근성이 용이하지 못하여 때때로 담당자의 정보오류가 발생하였다. 또한 업무에 대한 표준이 마련되어 있지 않았고 시스템화 되어 있지 않았기 때문에 담당자에 따라 다른 기준으로 영업이력이 작성되어 담당자간 공유가 어려웠으며, 핵심관리 업무에 차질을 빚어 미회수 채권도 발생되었다. 뿐만 아니라 [그림3-1]의 과거모습(2)에서 알 수 있듯이 발생기준으로 업무가 처리되지 못 하였다. 예를 들어 9월에 거래가 발생되었는데 10월에 정산하는 경우가 있었고, 그로 인한 비용 차이로 경영정보 Data에 오류가 생성되어 차이 정산을 수행해야하는 상황이 발생하기도 하였다. 따라서 기존 수작업 형식의 업무프로세스를 탈피하고자, 타사의 Best Practice를 토대로 보편화되고 표준화된 영업 업무 프로세스를 SD(판매영업관리) ERP 시스템에 구축하고자 노력하였다.

[그림3-1]의 변화 모습(1)처럼 표준 프로세스를 적용한 시스템 구축만으로도 업무형태가 바뀌었다. 입찰 계획을 세운 뒤 실제 입찰을 수주하게 되면 판매·출하와 연결되고, PP(생산관리)와 연결된 생산재고 현황도 바로 확인이 가능해졌다. 통합된 시스템에 의하여 입찰, 생산, 판매, 재고 현황관리 등 판매 및 물류 업무가 처리됨에 따라 현업에서는 이력관리 및 분석업무를 효율적으로 진행할 수 있게 되었다. 또

한 전반적인 판매 및 물류 업무가 [그림3-1]의 변화 모습(2)와 같이 발생기준에 의한 매출 처리를 수행함으로써 판매정보의 신뢰성이 증가하였고, 경영정보Data상의 오류가 사라졌다.

발전은 전력거래 시스템을 통해 입찰하고, 거래 결과가 해당 시스템에 저장되어 있지만 타 시스템과 연계되지 않았기 때문에 통합 관리가 되지 않았다. 즉, [그림 3-1]의 과거 모습(2)에서처럼 발생기준에 의한 업무처리가 되지 않고 월 단위로 매출관리가 되었다. 그러나 [그림3-1]의 변화 모습(2)와 같이 업무 시스템의 변화(시스템 간 연계)를 통해 발생기준에 의한 일 단위 매출관리가 가능해졌고, 판매정보의 신뢰성을 확보할 수 있게 되었다.

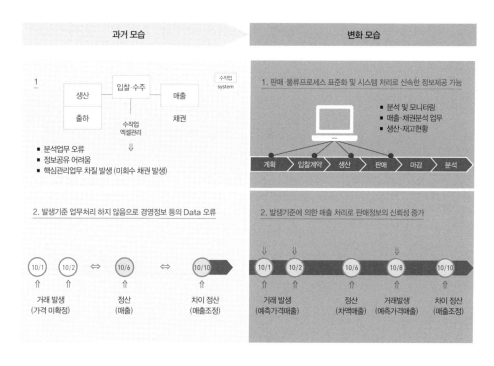

[그림3-1] 변화 모습_SD(판매영업관리)

3.2 PP(생산관리) 업무 및 시스템의 변화 모습

PP(생산관리)

- 연료전지 사업의 경우 판매, 생산, 구매계획의 통합 운영으로 원재료 수급을 안정화하고, 시스템에 의한 일정계획 수립 및 작업 지시로 생산이 효과적으로 진행될 수 있도록 구현
- 표준 원단위 구축으로 표준 대비 실적 분석을 통한 다양한 개선기회 도출 및 개선활동 전개

PP(생산관리) 업무 및 시스템 변화 Point

시스템 구축을 통해 국내 최초 발전 표준 원단위 도입

판매 및 물류 업무가 수작업으로 진행되고 있었기 때문에 생산관리 업무도 수작

업으로 진행될 수밖에 없었다. 연료전지 사업의 경우 생산관리 업무가 수작업으로 진행되어 작업지시의 효율성이 낮았고, 원재료 부족으로 인해 작업 중단이 빈번하게 발생했는데, 이러한 업무 프로세스를 시스템 구축을 통해 개선하였다. 발전사업의 경우 타 시스템과 연계하지 않고, 수작업 또는 별도의 시스템으로 관리하던 발전량과 연료사용량 실적을 시스템 간 연계를 통해 통합시스템에서 관리할 수 있도록 함으로써 생산실적정보의 신뢰성을 확보하게 되었다. 또한, 표준원단위 관리 프로세스 정립을 통해 표준 원단위와 실적 원단위의 비교 분석이 가능해졌고, 원가절감 등 다양한 개선기회 도출이 가능해졌다.

연료전지 사업의 경우 [그림3-2]의 과거 모습(1)처럼 판매계획, 생산계획, 구매계획이 모두 수작업으로 작성되고 있었으며, 특히 3가지 계획 간의 연계성이 부족하여 구매계획 상에서 원자재 수급 차질이 발생될 수 있는 리스크를 내포하고 있었다. 게다가 재공 현황, 생산 진척, 원재료 재고 등도 수작업으로 작성된 자료를 바탕으로 관리되어 당시 시스템 정보에는 많은 오류가 발생하고 있었다. 즉, 모든 업무관리가 수작업으로 진행되다 보니 판매계획과 생산계획의 차이로써 제품재고가 많이 발생하였으며, 생산계획과 구매계획 간의 차이로써 원재료 부족 현상이 발생하여 작업이 중단되는 경우가 빈번하였다.

수작업으로 진행되었던 업무를 보완하고자 [그림3-2]의 변화 모습(1)에서와 같이 ERP 시스템을 통한 통합계획을 수립할 수 있게 되었다. 판매, 생산, 구매 계획을 사전에 연계할 수 있는 통합 업무 시스템의 구축으로 원재료 공급이 안정적으로 진행되어 작업 중단이 감소하였으며, 재공 현황, 원재료 재고, 생산 진척은 ERP 생산 현황에 자동으로 반영되어 작업일정 관리 및 작업지시 발행을 효율적으로 수행할 수 있게 되었다.

발전사업의 경우 기존에는 전력생산 계획과 실적이 통합시스템에서 관리되지 못하고 별도의 시스템 또는 수기 관리 되고 있었는데, 이번 ERP 구축 작업을 통하여 전력판매생산계획 수립, 생산실적 처리, 전력거래정산까지 모든 실적이 하나의 통합시스템에서 관리될 수 있도록 구성하였다. 특히, 전력생산 매출의 90% 이상의 비중을 차지하고 있는 연료사용량에 대한 최적 관리가 회사 수익과 직결되는 것임으로 이를 관리하는 것은 매우 중요했다. 이런 점을 정확히 반영하여 금번 통합시스템 구축 시 연료사용량 관리를 위한 표준원단위 관리 프로세스를 정립하고 시스템에 적용하였다. 이를 통해 표준 대비 발전량과 연료사용량의 실적을 비교·분석할 수 있게 되었고, 다양한 개선기회 도출과 개선활동을 할 수 있게 되었다. 이러한 관리 프로세스와 시스템은 국내 최초로 적용한 사례로 판단된다.

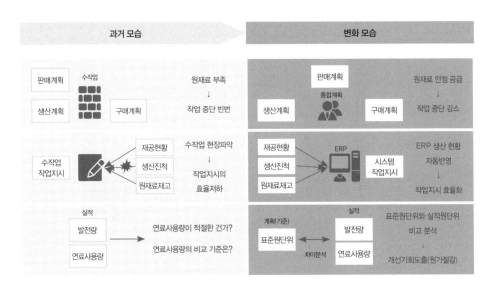

[그림3-2] 변화 모습_PP(생산관리)

234

3.3 PM(설비관리) 업무 및 시스템의 변화 모습

PM(설비관리)

- 설비 기준정보표준화 및 정비이력정보, 운전정보, 자재정보 등의 통합 연계로 다차원 정비 분석 가능

PM(설비관리) 업무 및 시스템 변화 Point

표준화, 체계화

PM(설비관리) 업무는 그 당시 이미 ERP를 사용하고 있었다. 하지만 처음부터 전사통합시스템으로 관리되지 않고 PM(설비관리) 업무만 시스템이 구축된 상태였기 때문에 전사 PM(설비관리) 기준정보표준화가 필요하였다. 그 결과 문제점을 개선하기 위해 기준정보의 표준화, 체계화를 통해 PM(설비관리) 업무를 전사통합시스

템으로 재구축하게 되었다.

ERP 시스템이 있어도 기준정보표준화를 통한 업무를 할 수 없다면, 업무의 효율성이 낮다는 것을 PM(설비관리)을 통해 확인할 수 있었다. 시스템이 구축되어 있어도 시스템을 사용하는 것은 사람들이기 때문에 그 시스템을 사용할 때 필요한 기준이 표준화 및 체계화되어 있어야 하는 것이다. 예를 들어 발전소의 경우 광양 및 포항에 새로운 발전소를 건설했을 때 기준정보체계가 상이하여 신규 설비를 시스템에 추가 적용할 경우 유연성이 저하되었고, 연료전지의 경우에는 설비분류체계가 혼재되어 있어서 정비이력분석이 어려웠다. 따라서 사업별 PM(설비관리)에 대한 기준정보 체계가 다르고, 계통과 설비의 분류체계가 혼재되어 있음으로 인하여 향후 정비이력을 분석하는 데 어려움이 따랐다. 이러한 문제점을 개선하기 위해 전사 PM(설비관리) 기준정보표준화가 필요했다.

발전소별로 코드체계를 통일화하고, 법인, 플랜트, 구분, 호기 등에 대해 코드체계를 만들어서 분류했다. 그러자 정비실적을 최소단위별로 구분하여 설비수준에서 관리할 수 있게 되었고, 설비에 따른 정비 및 교체주기를 관리할 수 있게 되었다. 이렇게 한 결과 기준정보표준화 등을 통한 설비정보 검색 시간이 단축되고, 설비 분류체계 재정립으로 정비실적 Data 정확도를 향상시킬 수 있었다. 또한, 사업확장에 따른 기준정보 확장성 확보가 가능해졌고, 고장이력에 대한 분석이 용이해졌다. [그림 3-3]은 PM(설비관리) 과거 모습과 변화 모습을 요약해서 설명하고 있다.

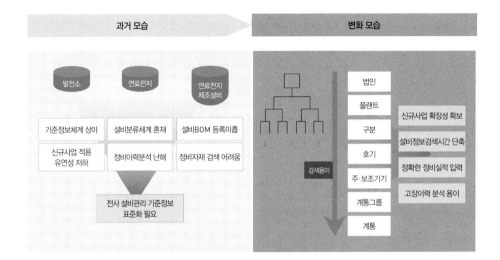

[그림3-3] 변화 모습_PM(설비관리)

3.4 MM^(구매자재) 업무 및 시스템의 변화 모습

MM(구매자재)

- 자재 기준정보표준화를 통해 자재 소요계획에 의한 자동 발주 시스템을 구현하고, 자재의 시스템 단위와 운영단위 불일치 개선, 자재 특성별 재고관리 운영기준 차별화 및 외주임가공 물류처리를 시스템화함으로써 재고정확도 향상 및 적정재고관리 체계 구축

MM(구매자재) 업무 및 시스템 변화 Point

최적의 재고관리 환경 구축

MM(구매자재) 업무도 기존에 ERP를 사용하고 있었지만, PP(생산관리)와 시스템적으로 통합되어 연계되지 않았기 때문에 효율적인 재고관리에 어려움이 있었다.

[그림3-4]의 과거 모습에서와 같이 그 당시 ERP로 업무가 진행되었던 MM(구매자재)은 기준정보 관리가 미흡하고 재고 정확도가 낮아 전사 관점의 구매 및 자재 프로세스 개선이 필요했다.

[그림3-4]의 변화 모습에서 알 수 있듯이 회사의 모든 자재에 대해 구매 리드 타임, 안전재고수량, MRP 유형 등 기준 정보를 표준화하고, 저장위치 간 물류이동과 외주임가공 프로세스의 표준화 및 시스템화함으로써 재고 정확도를 획기적으로 향상시키게 되었다. 이를 기반으로 생산계획에 따른 일관성 있는 발주, 입고, 출고처리가 가능해졌다. 즉, 자재 소요계획이 자동으로 산정되어 구매 요청 담당자가 매번 확인해서 구매요청을 하지 않아도 자동으로 생성되기 때문에 자재 결품으로 인한 생산 정지가 감소하고, 적정한 재고가 유지될 수 있었다. 나아가 유형별 재고 정확도 역시 향상되었다.

또한 MM(구매자재)에서 물류트랜잭션 처리 시 실시간으로 회계문서가 생성되도록 FI(재무회계)와 연결되어 통합시스템을 통한 업무의 효율성이 향상되었다.

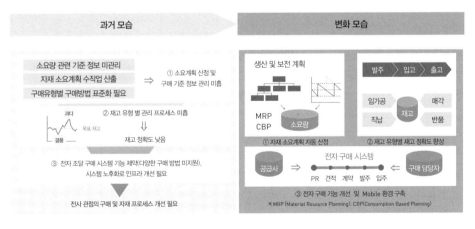

[그림3-4] 변화 모습_MM(구매자재)

3.5 PS(프로젝트 관리) 업무 및 시스템의 변화 모습

PS(프로젝트 관리)

– 프로젝트 구조(WBS 및 Activity) 기반 계획 · 실적관리로 프로젝트 및 WBS 단위 상세 분석정보 제공

PS(프로젝트 관리) 업무 및 시스템 변화 Point

개별로 관리하던 계약, 공정, 원가, 자원 등 프로젝트 정보의 통합 관리시스템 구축

프로젝트 관리는 신규 발전사업, 연료전지 건설, R&D 과제 등 사업의 계약, 공정, 원가, 자원 등을 계획하고 실적을 효율적으로 분석하는 것을 말한다. 프로젝트는 오랜 기간 많은 자원의 투입 및 다량의 정보 발생으로 효율적인 사업정보 관리가 필요하여, 수작업으로 개별 관리되고 있던 프로젝트 정보를 시스템을 구축하여 통합관

리하게 되었다.

　프로젝트 업무는 [그림3-5]의 과거 모습과 같이 업무관리 기준이 미흡하고, 수작업 관리로 진행되어 업무의 효율성이 떨어졌다. 그리고 프로젝트별 정보관리가 미흡하여 담당자 이외에 자료를 확인하기가 쉽지 않았고, 표준화되지 않는 보고서 작성 업무로 인해 보고서를 작성하는 데 업무 소요시간이 과다했다.

　[그림3-5]는 PS(프로젝트 관리) 시스템 구축을 통한 변화 모습을 보여주고 있다. 여기서 확인할 수 있듯이, 예산과 일정 등의 프로젝트 정보를 담을 수 있는 WBS 및 Activity를 이용하여 사업유형별 프로젝트 구조를 표준화하고, MM(구매자재), FI(재무회계) 등 전사의 ERP 시스템과 연결하였다. 결과적으로 프로젝트의 예산 및 집행 현황을 실시간으로 확인 및 분석할 수 있게 되었고, 공종별 진도현황을 모니터링하고 문제점을 분석할 수 있으며, 투입 인력, 문서, 자재 등의 리소스 관리가 가능해졌다. 또한 프로젝트 수행과정의 모든 정보를 축적할 수 있게 되었고, 축적된 정보를 바탕으로 프로젝트의 수행적정성과 공정최적화 등 노하우를 공유하고 발전시킬 수 있는 기반을 마련하였다.

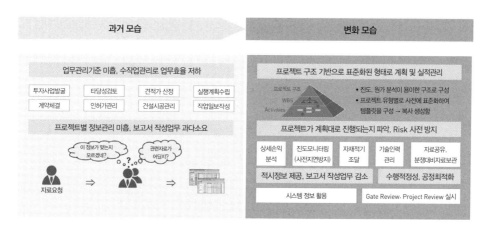

[그림3-5] 변화 모습_PS(프로젝트 관리)

3.6 FI^(재무회계) 업무 및 시스템의 변화 모습

FI(재무회계)

- 운전정보, 전력거래 및 조업실행 시스템과 ERP와의 자동 연계로 D+1일 결산 체계 구축

FI(재무회계) 업무 및 시스템 변화 Point

통합시스템 구축으로 결산기준 단축

PI프로젝트 이전에는 구매, 생산, 설비 등 업무별 시스템이 유기적으로 연결되어 있지 않았었다. 그러나 MM(구매자재), PM(설비관리), PP(생산관리), SD(판매영업관리), PS(프로젝트 관리), CO(관리회계) 등 발생 원천별 모듈을 구축하여, 각 모듈에서 발생한 모든 비용들이 FI(재무회계)로 연결되도록 통합함으로써 결산 소요시

간을 단축할 수 있게 되었다.

[그림3-6]은 시스템의 유기적 연결이란 무엇인지를 잘 설명해주고 있다. 시스템의 유기적 연결은 정량적으로 시간이라는 자원을 대폭적으로 단축시켜준다. 3일이 소요되던 월 결산작업이 1일로 단축된 것은 시스템의 유기적 연결 없이는 불가능했던 일이다. 그림에서처럼 과거 모습은 회계결산을 위한 원천 거래를 다루던 시스템과 결산시스템 간 유기적인 연결이 이루어지지 않은 상태였다. 그로 인해 빈번한 오류가 발생하였으며, 회계정보의 검증 및 수정의 수작업 등으로 회계결산 소요시간이 길어졌다. 그리고 변화 모습을 통해 현업 채권·채무 업무 마감, 감가상각, 발전원가, 연료전지 프로젝트 원가, 연료전지 제조원가, 회계정보의 검증 및 수정, 재무제표 작성 등이 통합된 시스템에서 일괄적으로 처리할 수 있게 되었음을 알 수 있다. 이런 개선효과에 힘입어 통합된 형태의 결산업무 진행으로 결산 소요시간이 단축되고, 사용자 중심의 전자전표시스템을 개발하여 편의성 증대 및 입력 오류를 최소화할 수 있게 되었다.

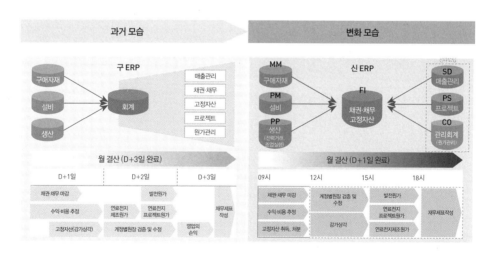

[그림3-6] 변화 모습_FI(재무회계)

3.7 TR^(자금관리) 업무 및 시스템의 변화 모습

TR(자금관리)

- 타 부문 계획 Data 집계의 자동화 및 정확성 확보

- 자금 유동성 파악의 정확성 확보로 적기 자금조달 및 불필요한 금융비용 최소화

TR(자금관리) 업무 및 시스템 변화 Point

시스템으로 하는 업무범위 확대를 통해 업무의 통합 및 시간단축

[그림3-7]은 TR(자금관리)작업의 변화된 모습을 알기 쉽게 도식화한 것이다. 과거에는 자금을 담당하는 일부 인력의 업무 역량에 전적으로 의존하는 자금계획으로 기초자료가 수집되었다. 물론 수작업을 할 수 밖에 없었고 수작업 도중에 발생하는 실수를 제대로 인식할 수도 없었다. 결과적으로 자금계획 기초자료에 대한 원천 근

거 마련이 부족했고, 현금흐름 변동요인이 늦게 반영되는 등 자금계획에 대한 정확성이 결여되는 문제가 반복되었다. 이런 문제점을 개선하기 위해 자금계획에 대한 전산화를 진행하고 자금계획과 실적 분석을 동시에 처리할 수 있는 프로세스를 도입하여 시스템에 구축하는 작업을 추진하게 되었다.

그림의 변화 모습은 TR(자금관리)작업이 단기·중기 계획 수립방법 및 원천 Data를 구분하여 집계할 수 있도록 업무를 시스템화했음을 보여준다. 그 결과 회계전표, 물류전표, 금융상품, 현금스케줄의 실시간 계획을 반영한 계획정보를 집계하여, 계획수립을 위한 기초자료를 마련할 수 있게 되었다. 또한 TR(자금관리)을 기준으로 타 부문(판매, 구매, 경영기획, 투자) 및 외부금융기관 시스템이 유기적으로 연계되어 업무처리가 원활히 수행될 수 있도록 시스템을 구현하였다. 이를 통해 자금 유동성 파악의 정확성 확보로 적기 자금조달 및 불필요한 금융비용을 최소화할 수 있게 되었다.

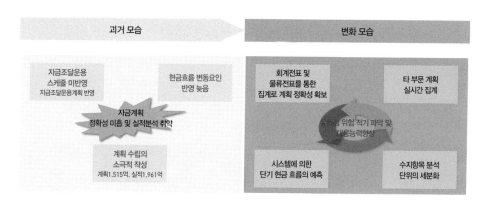

[그림3-7] 변화 모습_TR(자금관리)

3.8 CO(관리회계) 업무 및 시스템의 변화 모습

CO(관리회계)

- 경영계획, 실행계획, 표준원가의 연계 강화로 목표 대비 실적차이 분석 및 다양한 의사결정 Data 제공을 통한 원가절감, 수익성 분석, 성과평가에 활용

CO(관리회계) 업무 및 시스템 변화 Point

목표대비 실적차이 분석 가능

관리회계는 최고경영자를 포함한 의사결정자에게 의사결정에 필요한 정보를 생성하여 제공하는 것으로 일반적으로 원가관리를 의미한다. 경영자는 관리회계를 통하여 현재 진행되고 여러 가지 사업 부문의 실적을 검토할 수 있고 전반적인 회사의 경영 상황을 보고 받은 후, 생산, 판매, 투자 등의 중대한 의사결정을 내릴 수 있

다. 관리회계는 의사결정자를 통해 미래를 예측 및 진단하게 함으로써 올바른 판단을 내리게 하는 역할을 담당한다. 관리회계와 관련하여 가장 중요한 변화는 PI 프로젝트 진행 이전의 경우, 경영계획과 연계되지 않아 단순히 참고용으로만 계산되었던 표준원가를 경영계획과 연계시킴으로서 더 이상 단순 참고용이 아닌 재무적으로 활용 가능한 표준원가를 생성할 수 있게 되었다는 것이다. 즉, 경영계획과 연계되어 재무적 활용도가 높아진 표준원가를 시스템 구축을 통해 효율적으로 관리할 수 있게 된 것이다.

예를 들어, 연료전지사업에서는 대부분의 업무가 수작업으로 진행되고 있었기 때문에 표준조업도와 계획비용을 반영한 표준원가를 산정하지 못했다. 또한 발전분야도 표준원가를 산정해내지 못함에 따라 실적평가와 차이분석이 곤란하였고, 실시간 손익제공이 불가능한 상황이었다. 위와 같은 문제점은 시스템 구축을 통해 개선되고 변화되었다. 그 결과 연료전지사업에서는 합리적인 표준원가 산정이 가능해져 실적원가 계산, 상세차이 분석, 재공차이 분석을 할 수 있게 되었다. 즉, 표준원가 산정이 가능해진 덕분에 실적원가 분석의 의미가 생긴 것이다. 예를 들어 표준원가가 100인 경우, 실적원가가 110일 경우와 90일 경우의 차이를 각각 분석해서 문제점을 해결하게 되자, 목표 대비 실적차이 분석을 통해 원가절감, 수익성분석, 성과평가에 활용할 수 있게 되었다.

발전원가 역시 예상전력판매량에 근거한 가공비 산출과 발전소 호기별 표준 사용 원단위를 활용한 재료비 산출을 통해 호기별 표준원가 계산이 가능해졌다. 이를 통해 결산 전에 예상실적원가를 산출하여 발전소 운영현황을 미리 파악할 수 있었고, 경영진은 합리적인 의사결정을 내릴 수 있게 되었다. 또한 월중에 표준원가를 통한 생산, 구매, 자재 등의 물류이동을 사전에 검토할 수 있어 호기별 실제원가 결산 정

확도와 결산 소요시간을 줄일 수 있었다. [그림3-8]은 관리회계 업무의 과거 모습과
변화 모습을 보여주고 있다.

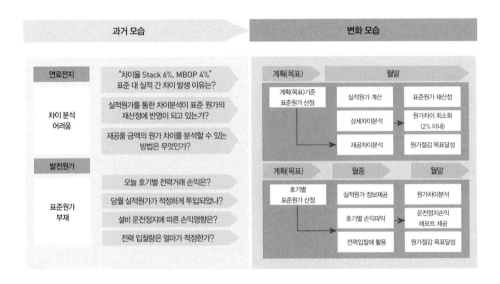

[그림3-8] 변화 모습_CO(관리회계)

3.9 QM(품질관리) 업무 및 시스템의 변화 모습

QM(품질관리)

- 불량 원자재 생산라인 유입 방지를 위한 수입검사 프로세스 구현 및 시스템 기반의 공정검사 프로세스 정립

QM(품질관리) 업무 및 시스템 변화 Point

입고, 공정, 출하에서 불량의 최소화(불량관리 가능)

연료전지 사업의 품질관리 업무는 예전에는 수작업으로 진행되어 검사 기준, 검사 이력관리가 되지 않았다. 그렇기 때문에 시스템 기반의 공정검사 프로세스를 통해 불량 관리가 가능해졌다.

과거에는 수작업으로 품질관리를 했기 때문에 공정검사 시점이 체계적으로 관리되지 않아 검사 시점에 대한 혼선이 있었다. 입고자재 중 일부를 임의 대상으로 선

정하여 수입검사를 시행하고, 검사 기준 불분명으로 불규칙한 품질 편차가 발생하여 생산 공정으로 불량 유입 가능성이 높았다. 즉, 검사 기준이 없고, 검사 이력관리도 되지 않았던 상황이었다. 굉장히 많은 품질관리 항목을 수작업으로 검사 Sheet에 Okay와 Non-Okay로 작성했기 때문에 추후에 그 자료를 확인할 때 Okay라고 된 항목의 경우 그 정도를 알 수 없어 [그림3-9]는 품질관리의 과거 모습에서와 같이 명확한 기준을 갖고 품질관리를 할 수 없었다.

[그림3-9]의 품질관리 변화 모습을 살펴보면, 품질관리에서 중요한 품질기준 Data와 결과 값을 모두 확인할 수 있게 되었음을 알 수 있다. 고객사가 종이로된 성적서를 보내주면, 이것을 시스템으로 통보 받게 하여 손쉽게 Data 관리를 할 수 있게 되었다. 이를 고려하여 Data 양식을 만들어 시스템을 구축했고, 이와 같은 과정을 통해 공급업체를 관리할 수 있게 되었다.

시스템을 통해 품질관리가 가능해지자 업무에도 변화가 생겼다. 생산관리가 가능해져서 어느 시점에 무엇에 대한 공정검사를 해야 하는지 업무 파악이 가능해졌다. 즉, 검사기준, 검사이력 관리 등에 관한 검사진행정보 제공이 가능해진 것이다. 또한 공급업체 검사결과에 대한 관리도 가능해졌기 때문에 공급업체별 불량 납품도 파악할 수 있게 되었다. 뿐만 아니라, 생산공정 진행에 따라 공정검사 요청을 접수하여 검사를 실시하고, 그 결과를 활용하여 통계분석이 가능해졌다. ERP로 수입 검사 대상 선정 Logic을 구현하여 통계 분석과 선정 원칙에 근거하여 자동으로 검사 대상을 선정하였고, 그 결과 불량을 최소화할 수 있었다.

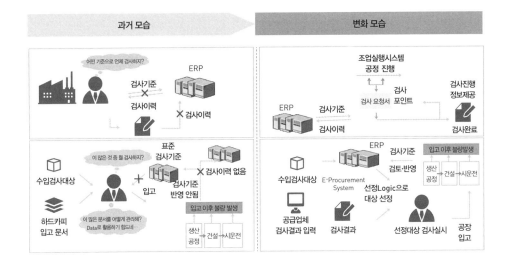

3.10 Non-ERP 업무 및 시스템의 변화 모습

도면정보

도면정보시스템의 경우 기존에는 사업부별로 운영 프로세스가 상이하였고, 시스템에 의한 관리가 미흡하여 생산과 양산의 도면을 가장 최신의 것으로 관리하는 것이 어려웠다. 도면관리시스템을 통해 전사적인 관점에서 표준화하고 통합화하여 시스템을 통한 보안과 버전관리가 원활히 될 수 있도록 구축하였다. 시스템을 통한 통합 관리는 어느 시점에 누가 도면을 출력하고 입력하였는지 확인이 가능할 뿐만 아니라 필요에 따라서는 도면에 대한 검색 권한도 효율적으로 부여할 수 있게 되었음을 의미한다. 건설 중인 발전소나 연료전지 설치 현장의 경우 도면이 변경될 수 있는데 이를 시스템에서 관리하면 이력추적을 할 수 있게 되고 최신도면에 대한 검색도 용이해진다. 나아가 시스템화가 됨에 따라 공사 도중에 인력이 바뀌더라도 업무 공백을 최소화 할 수 있다.

전자구매

전자구매의 경우 기존의 시스템이 존재하였으나 ERP와 연동이 되지 않는 시스템이었다. 쉽게 말하면 단순 Interface만 되어 결국 구매 담당자가 전자구매 내에서 구매 발주 입찰 정보 등을 직접 입력함에 따라 현장의 요구사항과 달라지는 경우가 많았다. 또한 외자구매의 경우 수입자재에 대한 관리가 불가능하여 국내자재에 대해서만 이력 관리가 되어왔다.

이에 반해 변경된 전자구매 시스템의 경우는 ERP와 연동되어 단순 구매품의 경우 단가 계약에 의한 자동 발주가 가능해졌으며, 공급사의 제품이력관리가 국내뿐만 아니라 외자 공급품에 대한 이력 관리도 가능해져 통합적인 이력 관리를 할 수 있게 되었다. 이에 따라 국내외를 막론하고 자재 공급사에 대한 정확한 평가가 이루어지게 되었다.

운전정보

운전정보의 경우는 시스템을 변경한 것이 아니라 기존 시스템을 고도화 한 경우이다. 기존시스템의 경우 ERP와 연계되지 않고 Plant Information System에서 나오는 일부 자료를 보기 쉽게 나타내주는 기능이 전부였다면, 고도화 작업을 통해 발전에서 필요한 모든 정보가 ERP와 연계되었고 그 연계된 정보가 운전정보 시스템에 반영되어 발전원별, 호기별 전력 생산 현황을 즉시 파악 할 수 있게 되었다. 연료전지의 경우는 운전정보 모니터링 시스템 자체가 존재하지 않아 이번 프로젝트를 통해 신규로 구축하였다. 특히 주목할 것은 고장이 빈번하게 발생하던 스택에 대한 모니터링이 가능해졌다는 것이다. 이를 통해 사전 예방정비를 신속하게 수행 할 수 있어 비용절감에 많은 효과를 주었다.

총무지원

총무지원 시스템은 별도의 솔루션을 도입한 것이 아니라 In-House로 개발하였다. 기존에는 총무관련 업무가 각각의 시스템 또는 메일 등으로 별도 관리되고 있어 신청하는 사람, 담당하는 사람 모두가 불편을 경험하였다. 예를 들어 회의실예약은 별도의 시스템으로 하고, 명함은 e-mail을 통해 신청하는 등의 일이 반복됨에 따라 예약자나 신청자가 급한 용무를 볼 때에는 처리 절차를 혼동 하는 경우가 많았다. 예약과 신청을 접수하고 진행하는 담당자 또한 수많은 e-mail을 처리하는 과정 중에 본의 아닌 누락이 발생하여 오랫동안 신청자의 요청을 처리하지 못하는 경우도 있었다. 처리 지연은 신청자와 담당자간의 전화 통화로 이어져 불필요한 오해를 만들기도 했다. 그러나 총무지원 시스템이 생기고 나서는 모든 총무지원 업무를 한 곳에서 관리할 수 있었다. 회의실, 차량, 휴양소, 예약 주차권, 명함, 피복 신청 등을 통합적으로 관리 할 수 있는 시스템이 구축됨에 따라 사용자, 담당 관리자가 모두 만족할 수 있게 되었다. 사용자는 나의 모든 신청현황을 한눈에 파악 할 수 있고, 담당 관리자 역시 신청 누락 등의 휴먼Error를 제로화 할 수 있게 되었다.

도면정보	전자구매

• 도면 등급·분류·종류에 따른 열람, 출력, Download 권한 관리 • 도면·기술문서에 대한 보안 강화 및 이력 관리 • 다양한 도면정보 검색기능, 2D·3D 도면 Viewing 및 PDF 변환 가능	• 구매업무 자동화를 통한 사용자 편의성 증대 • 외부 공급사와의 조달업무 전반에 대한 협업기능 구현 • Compliance & Monitoring 체계 구축을 통한 구매 투명성 강화

운전정보	총무지원
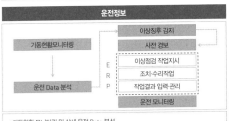	
• 가동현황 모니터링 및 상세 운전 Data 분석 • 주요인자 모니터링, 이상징후 감지, 사전경보를 통해 제품 안정도 향상	• 기존에 분산되어 있던 신청업무를 직원들이 쉽게 활용할 수 있도록 One-Stop Service 제공으로 총무 지원 만족도 향상

[그림3-10] 변화모습_Non-ERP

3.11 EIS(경영정보) 업무 및 시스템의 변화 모습

포스코에너지는 PI 3.0 프로젝트를 통해 ERP 시스템뿐만 아니라, ERP와 Non-ERP 시스템 내의 많은 정보를 손쉽게 확인할 수 있도록 EIS도 구축하였다.

PI 이전에는 최고경영자가 특정 일자의 회사 매출현황, 손익현황 등을 확인하고자 할 때 통상적으로 경영기획부서에 요청하여 자료를 얻었다. 그러나 최고경영자의 요청에 대응할 때마다 다음과 같은 세 가지 문제점에 직면했다. 첫째, Data가 실시간으로 관리되고 있는 것이 아니기 때문에 경영기획부서도 최고경영자의 자료 요청을 입수한 후, 각 현업 부서에 자료 요청을 해야 한다는 것이었다. 둘째, 현업 부서에 일정한 양식이 있는 것이 아니었기 때문에 동일한 Data를 여러 양식에 반복해서 작성해야 하는 불편함이 존재했다. 셋째, 경영진은 원하는 자료를 즉시 받지 못한 채 3일 이상을 기다려야했기 때문에 실제 자료를 받을 시점에는 정확한 자료로서의 가치를 느끼지 못했다.

EIS는 위와 같은 자료를 취합하여 정보로 가공하여 최고경영자를 포함한 경영진에게 보고하는 과정 중에 발생하는 문제점을 해결하였다. 우선 경영진이 원하는 정보 현황을 분석하여 일정한 양식을 만들고 ERP와 Non-ERP 시스템에서 필요한 정보를 취합하여 해당 양식에 적용하기만 하면 되었다. 경영기획에 요청할 필요 없이 즉시 시스템에서 정보조회가 가능해졌다. 그리고 해당 정보를 바탕으로 의사결정을 신속하게 할 수 있기 때문에 의사결정의 공백 현상이 최소화되었다. 나아가 현업 담당자의 경우도 동일한 Data를 여러 양식에 작성해야 하는 업무 비효율성이 사라졌기 때문에 본연의 업무에 더 집중할 수 있게 되었고, 보다 고부가가치를 창출하는 업무에 더 많은 시간을 할애할 수 있게 되었다.

각 시스템의 실시간 정보가 집계되어 나타나기 때문에 경영기획 부서에서도 긴급 또는 특이 사항 발생 시 즉시 경영진에게 사전 보고를 할 수 있게 되었다.

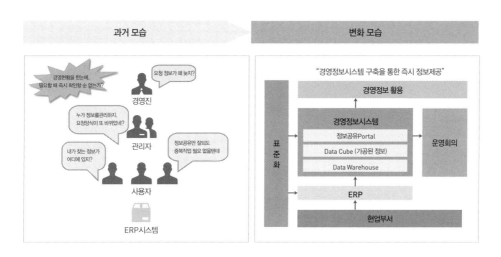

[그림3-11] 변화 모습_EIS(경영정보)

3.12 기대 효과

3.12.1 정량적 기대 효과

PI 3.0 프로젝트는 2012년 11월부터 2014년 9월까지 총 23개월간 진행되었다. ERP 시스템 11종과 Non-ERP 시스템 22종 도입을 통해 전사차원의 통합시스템을 구축하였고 업무 프로세스를 표준화하였다.

통합시스템 구축 이후 5년간의 재무성과는 매출증대 효과와 비용절감 효과를 고려하면 약 1,670억 원 정도로 예상된다. 이 중 비용절감효과는 업무 표준화 및 전산화를 통해 측정과 분석이 가능해지면서 예측도 가능해졌다.

수작업으로 했던 업무들이 시스템을 통해 진행되면서 업무 처리 속도가 빨라졌고, 업무 또한 정확해졌다. 정보시스템 통합 운영체계 구축으로 신속한 업무 처리 및 정확한 정보 관리가 가능해진 것이다. 따라서 직원들은 고부가가치의 업무에 집중할 수 있는 여건이 마련되었다.

D+1일 결산체계는 시스템에 의한 마감관리로 경영층의 신속한 의사결정이 가능해졌다. 국내 최초 발전 표준원가 도입을 통해 시점별 원가와 실적원가의 차이 분석 및 개선활동이 가능해졌다. 표준원단위 분석을 하면서 연료량 분석을 정확하게 할 수 있게 되었고, 이를 통해 매출증가가 가능해졌다. 또한 현장 작업담당자들도 업무 표준화에 맞는 시스템으로 업무를 진행하여 업무 시간을 효율적으로 사용하게 되었으며, 생산성이 높아졌다. 이런 것은 모두 매출증대로 이어지게 되는 것이다.

또한 신속 정확한 의사 결정을 위한 EIS를 구축하였는데, DW를 통한 분석정보 제공으로 사용자가 필요로 하는 정보를 쉽게 찾고 가공할 수 있게 되어 사용자 중심의 정보 활용체계 운영이 가능해졌다. 무엇보다도 PI 3.0 프로젝트를 통해 전사 업무 가시화로 누구나 동일한 업무성과를 위한 표준관리 시스템을 운영할 수 있게 되었다.

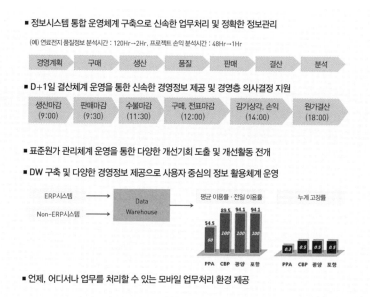

[그림3-12] PI 효과분석_정량

3.12.2 정성적 기대 효과

기대 효과가 모두 숫자로 정확하게 표시될 수 있는 것은 아니다. 표준화를 통해 앞으로 일어날 업무를 예측할 수 있게 된 것 자체를 양적인 개념으로 수치화할 수는 없지만, 예측할 수 있다는 것은 새롭게 변해가는 상황에 대해 사전에 대응책을 마련할 수 있다는 측면에서 여러 가지 위험요소나 돌발변수를 감소시키는 역할을 하게 된다. R&R(Role & Responsibility)의 명확화는 표준화의 근간을 이루는 것으로서 역할과 책임을 분명하게 정의하고 업무의 차질이나 불필요한 불협화음을 사전에 차단하는 기능을 한다.

위에서 제시된 가시화된 업무, 역할, 책임의 명확화는 정성적인 기대효과라고 할 수 있다. 또한 혁신의 이유는 곳곳에 내재해있는 낭비요소를 찾아내어 그 원인을 제거하는 것인데, 시스템 구축은 낭비요소를 보다 손쉽게 찾아 개선 대책을 마련할 수 있는 토대를 마련한다.

시스템 구축은 낭비요소를 찾는 것 자체가 낭비가 되는 '낭비의 악순환' 고리를 끊고 고부가가치 업무라고 할 수 있는 기획 및 전략 작업에 더 많은 시간을 배분할 수 있게 해준다. 즉, 자원과 시간이 많이 소모되는 저부가가치 업무는 시스템을 통해 신속히 처리함으로써 고부가가치 업무 처리에 좀 더 박차를 가할 수 있게 된 것이다.

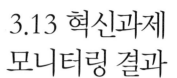

PI 3.0 프로젝트

3.13 혁신과제
모니터링 결과

3.13.1 혁신과제 모니터링 방법론

22개의 혁신과제 안에는 68개의 목표 달성 방안이 있는데, 68개의 목표 달성 방안은 다시 189개의 세부 구현 과제로 나뉜다. 세부 구현과제의 경우 각각의 담당부서가 정해져 있으며 부서별 담당자에게 매월 현재까지의 진척 사항과 완료 예정일을 받는다. 특히 세부과제별 산출물 리스트를 만들고 최종 완료시 해당 산출물에 대한 확인 절차를 가진다. 프로세스 구축 또는 시스템 구축의 경우는 PI3.0추진반에서 같이 진행하기 때문에 최종 산출물은 PI3.0추진반이 만드는데, 이런 경우에는 산출물을 만들지 않아도 된다. 현업 종사자에게 별도의 산출물을 만들게 하여 업무의 중복을 주는 것을 피해야 하기 때문이다.

PI를 진행하면서 중요한 것 중 하나는 정해진 시간 내에 업무를 얼마나 효율적으로 하느냐이다. PI 프로젝트는 시간과 자원이 많이 투자되는 작업이기 때문에 최대한 빠르게 완성시키는 것이 유리하지만 그렇다고 해서 빨리 끝내는 것만이 좋은 것은 아니다. 정확하면서 신속하게 프로젝트를 마무리해야하는 상황에서 가장 중요한 것은 효율성의 문제이다. 혁신과제 모니터링은 이런 효율성을 지속적으로 관리하고자 하는 목적으로 시행하는 것이며, 나아가 혁신과제를 진행하면서 현업종사자들이 어려운 점은 없는지에 대한 이슈사항도 자연스럽게 체크한다는 것이 주된 목표다.

구 분		혁신 과제수	세부추진 과제수			'14.4월 이전 추진 과제수			
			계	완료	완료율 (%)	계	진행 중	완료	완료율 (%)
계		22	189	139	72%	187	48	139	74%
	경영기획실	2	14	8	57%	13	5	8	62%
	경영지원실	5	20	11	55%	19	8	11	58%
	발전사업실	4	48	36	75%	48	12	36	75%
	기술전략실	1	19	12	63%	19	7	12	63%
	연료전지사업실	6	46	40	87%	46	6	40	87%
	CR실	2	20	10	50%	20	10	10	50%
	신재생에너지사업	1	4	4	100%	4	–	4	100%
	발전사업개발실		4	4	100%	4	–	4	100%
	건설관리실	1	14	14	100%	14	–	14	100%

[그림3-13] 혁신과제 모니터링 템플릿

3.13.2 혁신과제 달성 결과

Master Plan 단계에서 22개 혁신과제를 통해 17,915시간을 절감할 수 있는 것으로 예상했었는데, 이번 시스템 운영을 통해 실시한 업무 조사표와 인터뷰를 거친 결과 20,261시간이 절감되었음을 확인하였다.

22개 혁신과제의 성과 중 '연료전지 단위 작업별 순작업시간 측정을 통한 낭비요소 발굴 및 개선'과 '임직원이 필요한 정보를 언제, 어디서라도 즉시 제공하기 위한 경영정보 시스템 구축' 사항에 대한 절감 업무시간이 가장 많은 것으로 밝혀졌다. 또한 시스템화를 통해 절감된 업무시간은 '연료전지사업본부'에서 가장 많이 나왔다.

전체적으로 개선된 업무효과는 업무 표준 가시화에 따른 업무개선, 모바일시스템 구축에 따른 업무개선인데 To-Be 프로세스 변경으로 체계적인 업무 관리가 가능해졌다는 것이 핵심이라고 할 수 있다.

Master Plan	업무조사 · 인터뷰
17,915 hr	20,261 hr

22개 혁신과제를 통해 17,915시간 절감 효과 →
- 시스템화에 따른 절감시간 12,471 시간
- 프로세스 개선 및 표준시스템, 모바일 시스템 가동으로 7,790시간 절약

[그림3-14] 효과분석 결과

3.14 업무표준, 작업표준,
표준관리 시스템

3.14.1 표준에 의한 업무 변화

표준을 설정함으로써 생긴 업무의 변화는 자신이 수행하는 일이 다른 부서의 업무에 어떤 영향을 주는지를 정확히 알 수 있게 되었다. 예를 들면, 1부터 100까지의 업무를 선배 사원이 머리로만 기억한다면 1, 3, 7, 10, 20 이런 순서로 가르치게 될 것이며, 때로는 순서가 바뀌고 100까지 모두 다 알지 못하기 때문에 도중에 중요한 업무를 누락 시킬 수도 있다. 또한 업무 당일의 신체적 컨디션에 따라 전달되는 뉘앙스도 크게 달라질 수 있다. 배우는 사람의 입장에서 보면 선배 사원이 가르치고 있는 것이 우선 1에서 100까지인지도 모르며, 본인이 수행해야 할 정확한 업무 범위 자체도 이해할 수 없게 된다. 그리고 1, 3, 7, 10, 20 이라는 순서로 업무를 배우게 된다면 논리적으로 맞지 않아 업무 수행이 어려워질 수도 있고, 사람에 따라서 실수를 하거나 업무가 중단되는 경우가 발생 할 것이다.

그러나 제대로 된 표준이 있다면 선배 사원은 굳이 본인의 시간을 할애할 필요 없이 업무를 수행하면서 표준을 후배 사원에게 인계할 것이고, 후배 사원은 정확히 작성된 표준을 보면서 본인이 이해하기 어려운 부분에 대해서만 질문을 하면 된다. 또한 업무를 수행하는 데 있어서 에너지의 표준관리 시스템은 각각의 시스템과 링크가 되어 있기 때문에 표준을 보면서 업무를 수행할 수 있다. 시스템이 바뀌면 표준도 같이 바뀔 수밖에 없는데, 중요한 것은 표준 자체가 늘 활용되는 '살아있는 표준'이 되어야 한다는 점이다. 표준의 문제점은 항상 실제 업무와 상이하다는 것이었는데 이러한 부분을 해결할 수 있게 된 것이다.

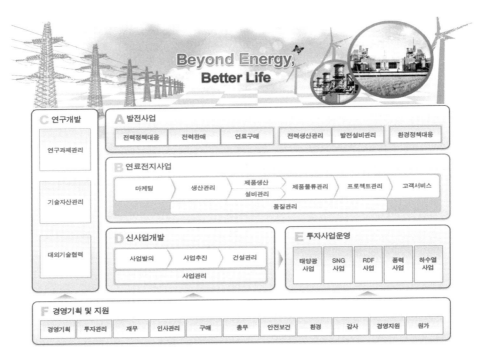

[그림3-15] 표준관리 시스템 Outline

3.14.2 표준변경관리

표준을 만든 기업들의 가장 큰 문제점은 표준과 업무가 일치하지 않는다는 점이다. 표준과 업무가 일치하지 않으면 막대한 비용을 들여 만든 표준 시스템이 아무도 사용하지 않는 시스템으로 전락한다. 처음에는 모든 구성원이 사용하는 듯 보이지만 업무와 표준 사이의 괴리가 깊어지면서 모두가 외면하는 시스템이 되고 마는 것이다. 표준과 업무를 인위적으로 맞추려는 노력이 계속되고 결국에는 모든 사람들이 사용하지 않게 되면 그동안의 모든 노력은 허사가 된다.

때문에 표준은 반드시 살아 있는 시스템으로 만들어야 한다. 업무가 변경되면 자연스럽게 표준 또한 변경되어야 하는 것이다. 이를 위해 포스코에너지는 우선 표준관리 시스템을 IT로 구축하였다. IT 구축이 단순히 오프라인 문서를 웹에 올리는 것이 아니라, 작성 자체를 웹기반으로 작성하게 하는 것이다. 또한 거의 모든 업무 표준은 다른 업무에 영향을 미치게 되는데, 입출력물에 다른 표준이 있는 경우 반드시 연계하도록 하였다. 나아가 표준 개정 시 다른 표준과의 연계를 IT로 체크 할 수 있게 함으로써 표준의 연계성을 100% 확보하였다. 실제로 이러한 부분이 잘 연동되기 위해서는 표준관리 시스템을 확인해야 하는데, 표준관리 시스템을 접속하지 않은 부서나 담당자가 발생할 수 있기 때문에 외부적인 관점에서 표준에 대한 점검을 실시하여야 한다.

포스코에너지는 이를 표준의 유효성 점검이라고 하였다. 개정 및 접속 여부는 시스템으로 관리되고 있어 누가 얼마나 표준을 보고 있으며, 또한 개정이 지속적으로 되고 있는지는 확인할 수 있다. 개정이 되고 있다면 이는 업무의 변경이나 개선이 반영된 표준으로 판단할 수 있다. 그러나 일정기간동안 개정이 되지 않는 표준의 경우, 실제 업무의 변경이 없는 것인지 아니면 표준을 개정하지 않아 업무와의 Gap이 발생하는 것인지 확인해야 할 필요가 있다. 따라서 PI 프로젝트 종료 이후에도 시스템과 표준을 유지하고 관리하는 부서가 반드시 있어야 하며, 이러한 부서에서 표준에 대한 유효성을 지속적으로 점검하여야 한다. 표준에 대한 유효성 점검은 인터뷰 및 산출물 등을 통해 업무 표준과 업무 간의 매칭을 직접 확인하며 진행하는데, 유효성 점검을 통해 표준과 업무와의 일치성을 지속적으로 확보하여 관리하는 것이 중요하다. 이렇게 변경된 표준에 대해서는 시스템을 통해 공지하고 항상 최신 버전을 유지할 수 있어야 한다.

포스코에너지가 막대한 재원을 들여 구축해놓은 시스템은 단순히 IT 시스템 아닌 시스템을 통한 업무의 변경이다. PI가 한 번에 종료되는 프로젝트가 아닌 것처럼 이를 담는 그릇인 표준도 한 번 만들고 끝나는 것이 아니다. 따라서 변경관리를 통해 꾸준히 업무와 표준을 일치 시키는 것이 중요하다.

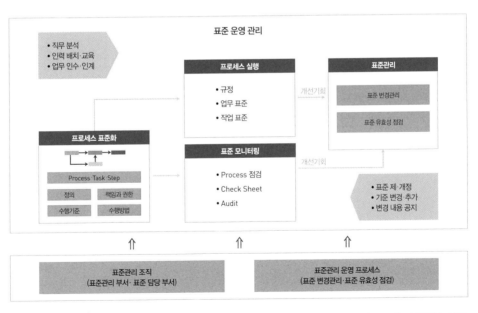

[그림3-16] 표준 운영 관리 프로세스

4

Chapter

프로젝트
성공요인

4.1 리더십

현대의 경영학은 수많은 리더십 연구를 통해 리더십의 종류를 분류하였다. 리더
십은 기업을 경영하고 조직을 운영하는 데 가장 중요한 요소라는 것이 기업의 성과
측정 기법의 발전과 더불어 입증된 바 있다. 21세기에 접어들면서 리더십은 조직 혁
신과 함께 경영학의 가장 큰 화두로 떠올랐다. 각 기업이 보여주는 리더십의 스타일
에 따라 기업 문화가 달라지고, 경영 성과의 양과 질이 확연한 차이를 보이기 시작
했다는 것은 주지의 사실이다. 혁신의 성공과 실패, 혁신을 이루기까지 걸리는 시간
등은 리더의 역할이 얼마나 중요한 지를 잘 보여주고 있다.

리더십 연구에서 반드시 언급되는 사람은 독일의 사회학자 막스 베버(Max Weber)
이다. 그는 리더십의 근원을 말하면서 '권위'의 종류를 세 가지로 제시하였는데, 전
통적 권위, 카리스마적 권위, 합리적 권위가 그것이다. 전통적 권위는 신분을 기초로
한 권위이고, 카리스마적 권위는 다른 사람보다 강하거나 능력이 있는 사람들이 가

진 권위를 말한다. 작은 조직이나 기업에서는 탁월한 지도자 한 명이 발휘하는 전통적 권위나 카리스마적 권위가 큰 영향력을 발휘할 수 있었다. 지도자 한 명의 권위가 모든 조직 구성원에게 영향을 광범위하게 미칠 수 있기 때문이다. 그러나 글로벌화되고 업무가 분업화된 현대의 기업 조직에서는 한 사람의 리더가 모든 것을 통제할 수 없게 되었다. 따라서 우리가 주목해야 하는 것은 조직의 구성원 모두가 동의하고 옳다고 인정하는 것에 토대를 둔 합리적 권위가 대세를 이루게 되었다는 점이다. 합리적 권위를 가진 리더는 합리적 리더십을 만들어 조직을 이끌어나간다. 여기서 중요한 것은 현대의 기업 조직이라고 해서 전통적 권위나 카리스마적 권위에 기반한 리더십이 완전히 사라졌다고 할 수는 없다는 것이다. 최고경영자의 개인적 성향에 따라 리더십의 성격은 언제든 변화할 수 있다. 이 같은 관점에서 보면 포스코에너지 PI 3.0 프로젝트를 진행하는 데 최고경영자는 모든 사람들의 참여를 이끌어낸 합리적 리더십을 발휘했다고 할 수 있다. 포스코에너지의 PI 3.0 프로젝트에 참여한 인원에게 프로젝트 성공요인을 묻자, 최고경영자의 리더십을 우선해서 꼽았을 정도로, 최고경영자의 합리적 리더십은 PI 3.0 프로젝트의 성공에 주요한 역할을 했다.

PI 3.0 프로젝트 진행 당시, 최고경영자는 매주 열리는 최고경영자 주관 임원회의에서 각 임원별 PI 진행현황에 대해 반드시 보고하도록 하였으며, 월간 전사 운영회의, 외부 강연 등 최고경영자가 주관하는 행사에서 PI가 언급되지 않은 적이 없을 정도였다. 최고경영자의 솔선수범은 모든 임원들에게 PI의 중요성을 지속적으로 자각하게 하였으며, PI3.0추진반이 진행하는 업무도 현업의 저항감을 최소화하는 데 도움이 되었다.

포스코에너지 PI 3.0 프로젝트의 성공요인은 최고경영자부터 혁신 작업에 참여하고 끊임없이 조직 구성원들에게 혁신해야만 하는 당위성을 제공한 것에서 기인한다. 지금 변화하려는 노력을 하지 않으면 포스코에너지의 밝은 미래를 보장할 수 없다는 공감대를 형성하기 위해서는 솔선수범의 리더십이 필요했다. 더욱이 중요한 점은 PI 3.0 프로젝트는 아직 진행 중이라는 것이다. 아직 진행 중이라는 말은 앞으로도 수많은 난관을 극복하고 조직 구성원들이 새롭게 요청 및 제안하는 업무를 시스템에 계속 반영해나가야 한다는 것을 의미한다. 즉, 시스템 구현이 마무리되고 현업에서 새로운 표준에 입각하여 업무를 시작하였다고 PI 3.0 프로젝트가 마무리된 것은 아니라는 의미이다. 새로 도입된 시스템에 반발하여 예전으로 돌아가려는 내부의 불만 사항을 지속적으로 감소시키고, 혁신은 특정 기간에만 행해지는 행위가 아닌 내·외부환경이 변화하는 것과 병행하여 계속되어야 함을 최고경영자는 리더십을 바탕으로 실천해야 한다.

최고경영자와 임원, 그리고 모든 구성원은 스스로 리더십을 발휘하였고, 고통을 감수하려는 자세를 프로젝트 구축기간 동안 군건히 견지함으로써 포스코에너지 PI 3.0 프로젝트는 성공을 거둘 수 있었다.

4.2 표준화

표준화의 핵심은 기준을 정확히 잡는 것이다. 기준은 어느 방향으로 나아가야 하는지를 알려주는 나침반과 같은 것이기 때문에 기준이 제대로 확정되어 있지 않으면 아무도 정확하게 업무를 수행할 수 없다. 포스코에너지 PI 3.0 프로젝트의 성공 요인은 기준을 정확하게 설정하는 표준화 작업에 성공했기 때문이라고 할 수 있다. [그림4-1]은 To-Be기준 정보를 전사 Master, 모듈 Master, 주요 속성으로 분류하고 명칭(영문명칭 포함)을 확정해 각 명칭에 대한 속성을 정확하게 정의했음을 보여준다. 이렇게 각 사용 명칭에 대한 정의를 한 후 작업에 들어가는 것은 프로젝트 도중에 현업 종사자들이 용어나 명칭의 혼란을 일으키는 것을 방지하는 역할을 하였다.

To-Be 기준정보

구분		FI	CO	MM	PM	PP	SD	QM	PS	TR	합계	비고
Master	전사 Master	-	-	-	-	-	-	-	-	-	-	
	모듈 Master	-	-	-	-	-	-	-	-	-	-	
조직 및 속성	주요 속성	-	-	-	-	-	-	-	-	-	-	
	Org.	-	-	-	-	-	-	-	-	-	-	
합계		11	12	18	18	24	24	9	4	6	126	

To-Be 기준정보_PP

구분		명칭	명칭(영문)	정의
PP	전사 Master	표준원단위	BOM	제조에 사용되는 모든 완제품, 반제품, 원자재의 상호 수량 구성 관계를 나타내는 목록
		공정	Routing	
	모듈 Master	작업장	Work Center	
	주요 속성	BOM 사용범위	BOM Applications	
		BOM 용도	BOM Usages	
		플랜트매개변수에 대한 전체유지보수	Carry Out Overall Maintenance Of Plant Parameters	
		확인 매개변수 정의	Confirmation Parameters	
		근무 달력	Factory Calendar	
		작업장계산식	Formulas For Work Centers	
		MRP 영역	MRP Areas	
		MRP 관리자	MRP Controller	

[그림4-1] To-Be 기준정보

4.3 인재관리

    PI 프로젝트는 최고경영자의 의지와 모든 조직 구성원의 지지 속에서 진행되어야 한다. 그러나 모든 구성원이 모든 프로젝트에 투입될 수는 없다. 어떤 조직이든 조직을 구성하는 모두가 최고의 능력을 갖추었다고 말할 수 없는 것이 사실이다. 개인의 성향이나 능력의 차이는 기업의 크기나 업종에 상관없이 존재하는 것이다. 포스코에너지는 이런 사실에 입각하여 프로젝트에 참여하는 인원의 선정에 심혈을 기울였는데, 이것은 곧 프로젝트의 성공으로 귀결되었다.

    프로젝트 참여 인원 선정에 있어 논리적인 사고, 즉 시스템적 사고를 할 수 있고 업무의 숙련도가 부서에서 가장 뛰어난 담당자가 선정될 수 있도록 하였다. 물론 각자의 분야에서 가장 뛰어난 담당자를 선정하여 프로젝트에 참여시키기란 쉽지 않다. 당장의 업무 공백을 피할 수 없기 때문이다. 그러나 포스코에너지 PI 3.0 프로젝트는 이를 역발상의 전환점으로 이용하였다. 남아있는 내부인력을 역량향상의 기회로 만들었으며, PI는 일부만 참여하는 프로젝트가 아닌 전체가 참여하는 프로젝트로 인식변화를 유도하였다. 그 결과 추진반원의 전문성 향상과 부서인력의 내부 역량향상이라는 두 마리 토끼를 잡을 수 있었다.

추진반원의 PI 역량향상을 위해서 Master Plan 단계부터 지속적으로 교육을 실시하였다. PI와 ERP의 개념에 대한 이해를 높이기 위해 외부 전문가를 섭외하여 교육을 실시하였으며, ERP 구축 단계에서는 각 단계별 워크숍을 실시하여 추진반원이 직접 자료를 작성하고 발표하게 하였다. 사용자 매뉴얼도 추진반이 직접 작성하게 하는 등 내부 역량 향상에 힘썼다. 마찬가지로 현업부서의 Super User와 Working Group의 교육에도 많은 시간을 할애하였다. 이 모든 것이 추진반원, Super User, Working Group의 열정이 없었다면 불가능 한 일이었다.

또한 PI 컨설턴트의 선정은 면접과 인터뷰를 통해 업무능력과 자질을 파악하는 데 최선을 다했다. 커뮤니케이션 능력과 문제해결 능력을 갖춘 인재만이 2년 이상의 장기 프로젝트에서 주어지는 많은 업무량과 스트레스를 관리할 수 있기 때문이다.

4.4 통합(Intergration)과 소통(Communication)

통합은 표준화의 핵심이며, 나아가 혁신을 하는 이유이기도 하다. 여러 부서에 걸쳐 조금씩 중복되고 비효율적으로 분산된 업무 프로세스를 한 곳으로 집중시켜 큰 목적을 달성하는 것이 통합이다. 큰 목적을 달성하는 과정에서 누군가는 업무상으로 손해를 보는 것처럼 느껴질 수도 있으나, 한 부서의 이익이 아닌 전사적인 차원에서 발생하는 이익을 생각해야 한다. 즉, 업무 담당자는 통합작업이 진행되어 본인의 업무가 줄어들었다고 생각하기보다는 나의 업무가 큰 틀에서 보면 회사 전체의 이익을 증가시키는 윤활유로서의 역할을 한다는 것을 잊지 말아야 한다. [그림4-2]는 End-to-End 관점에서 통합된 3대 프로세스를 보여주는데, 업무 프로세스가 통합되어 한 가지의 방향성을 확보했음을 이해할 수 있다. 판매~채권 프로세스(Sales Order to A.R), 제조~원가 프로세스(Production Order to Costing), 구매~채권 프로세스(Purchasing Order to Costing) 모두가 총 계정을 효율적으로 관리하기 위해 통합된 것이다.

통합하는 과정에서 소통이 결여된다면 이것 역시 혁신의 완성이라고 할 수 없다.

통합은 어느 한 방향으로 지시를 내리는 작업이 아니라 관련 부문이 끊임없이 정보를 공유하고 이해하는 과정을 수반할 때 더 큰 성장을 견인해낼 수 있다. 따라서 판매 오더를 접수하는 과정은 구매의 과정과 연계되어야 하며, 생산의 과정 또한 자재 수급과정과 분리하여 생각할 수 없다.

통합과 소통을 원활히 하기 위해 포스코에너지는 이슈 관리를 적극적으로 활용하였다. 이슈 관리는 크게 4가지 카테고리로 나누어 관리하였다. 추진반 내 파트의 이슈, 추진반과 파트 간의 이슈, 추진반과 현업 간의 이슈, 현업과 현업 간의 이슈와 같이 해당 카테고리의 이슈를 등록하고, 일주일 간격으로 미해결 시 상위자에게 보고하여 이슈를 해결하는 방식을 취하였다. 최종적으로 이슈가 해결이 안 될 경우 최고경영자의 의사결정에 따라 업무 분장을 하는 것으로 기준을 정하였다. 이는 업무를 회사 전체의 관점에서 바라보게 하는 틀을 제공하였고, 원활한 토론을 통해 회사전체의 이익을 최우선하는 결론을 도출하였다.

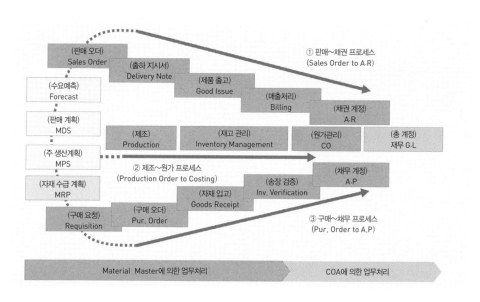

[그림4-2] End-to-End 관점에서 통합화된 3대 프로세스

4.5 유지보수를 통한
지속 개선

기업의 내·외부 환경이 변화함에 따라 조직의 구성과 업무도 계속 변경될 개연성을 가지고 있다. 신설되거나 변경해야 하는 업무를 구축된 시스템이라는 큰 틀 안에서 효율적으로 처리하는 것은 유지보수라는 관점에서 중요한 일이다. 변경관리 또한 PI 3.0 프로젝트의 마지막 업무임과 동시에 프로젝트의 성공요인이다.

업무 변경사유가 발생하면 담당자의 편의라는 관점에서 접근하지 않고, 변경의 발의부서에서 오너부서로 그리고 관리부서에 이르기까지, 변경하려는 업무의 유효성을 검토하고 필요 시에는 CCB(Change Control Board)를 소집해야 한다. 이런 일련의 과정을 통해서 최종적으로 승인된 업무는 모두에게 공지되고, 새로운 업무 프로세스로 확정되어 시스템에 반영된다. [그림4-3]은 변경관리 프로세스로, 변경사유 발생 시점부터 변경된 업무가 공지되는 순간까지의 과정을 도식화한 것이다.

계획했던 프로젝트 수행기간이 모두 완료되고 개선된 프로세스가 구현된 시스템을 현업 종사자들이 사용하는 순간을 혁신 작업의 완료로 생각해서는 안 된다. 혁신에는 완성이라는 개념이 들어있지 않다. 혁신에서 '신(新)'자는 '변화되어 새롭게 탄생했다는 완료형'이 아니라 '일신우일신(日新又日新)'이라는 말처럼 '매일 매일 새롭게 변한다는 진행형'이어야 한다. 진행이 완료되거나 완성되는 것은 설정한 프로젝트 기간일 뿐이며, 혁신 작업 자체는 매 순간 계속 진행되고 보완되어야 한다. 다만 설정한 프로젝트 기간에 완성한 결과물을 내부적으로 정리하고, 그 성과를 모든 구성원이 알 수 있게 공지하는 것은 필요한 작업이다.

긴 설계 기간과 테스트 과정을 거쳐 도입된 시스템은 운영하는 과정에서 불편함을 발생시킬 수도 있고, 사용자의 편의라는 관점에서는 현업 종사자들의 불만을 증폭시킬 수도 있다. 그러나 변경관리라는 측면에서 생각하면 PI 3.0 프로젝트의 진정한 의미는 구축되어 이미 사용하기 시작한 시스템을 변화해가는 조직과 업무에 맞게 지속적으로 변경 및 개선시키는 것이라고 할 수 있다.

변경관리 프로세스 (상시)

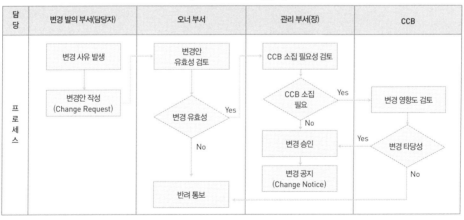

[그림4-3] 변경관리 프로세스_CCB

PI 3.0 프로젝트 참여 인원

PI 3.0 추진반장
심민식

PI 3.0 추진반원
김근홍, 김수진, 김재홍, 김준엽, 김진선, 박상민, 박세일, 박칠석, 송흥준,
신용재, 신철홍, 안선미, 우영한, 유원상, 윤영선, 윤재웅, 이서호, 이성호,
이용일, 이유선, 이준형, 이한진, 조창래, 최성훈, 황석현

자문위원
정찬수

MP 방법론 컨설팅(액센츄어)
김진욱, 신봉주, 신용직, 이준희, 우남중, 유건재

ERP 구축(포스코ICT 및 협력업체)
PMO
김승태, 유신호, 이태준, 최남훈

프로젝트 품질점검
원종빈

컨설턴트
권오연, 권진규, 김동규, 김민석, 김영석, 김치우, 남봉우, 박광희, 박성철,
선영욱, 이인천, 임득규, 임윤택, 정병용, 최동석

설계자
오경호, 이만택, 이채용, 정철원

시스템 가동 안정화(SM)
이희동, 강기석, 가영민, 고점숙, 오진문, 최남훈, 이만택, 김원석, 정덕수,
박선영, 황제원, 구정현, 한병은, 김세중, 이상혁, 이정환, 오신호

MP 표준화 컨설팅(네빌클락 3명)

ERP 개발자(11명), Non-ERP 개발자(26명)

포스코에너지,
내일을 먼저 만나다

초판 1쇄 인쇄 | 2015년 3월 23일
초판 1쇄 발행 | 2015년 3월 31일

지은이 | 포스코에너지
펴낸이 | 김희연
펴낸곳 | 에이엠스토리(amStory)
출판 등록 | 2010년 2월 15일(제307-2010-4호)
주　소 | (100-042) 서울특별시 중구 소파로 129(남산동 2가, 명지빌딩 신관 701호)
전　화 | 02-779-6319　　**팩　스** | 02-779-6317
전자우편 | amstory11@naver.com
홈페이지 | www.amstory.co.kr
ISBN 979-11-85469-04-1 (93320)